四国遍路の現代

「お接待」と歩き遍路

竹川郁雄

創風社出版

はじめに

本書は、二〇〇〇年代の四国遍路がどのような状況にあるのか、特に「お接待」と歩き遍路の現状がどのようなものかを、実際に遍路した人の巡拝記や調査したデータから明らかにしようとするものである。

四国遍路は、空海が行った修行に由来し、長い歴史の中で変容を遂げて現代に及んでいる。空海という人間の歴史的事実とは別に、弘法大師信仰とその信仰を継承発展させた四国遍路の民間伝承は、現代においても人々に大きな影響を与えている。

その四国遍路の民間伝承の中でも今なお人々の生活に密接にかかわっているのが、「お接待」である。四国の地で遍路をする人にねぎらいの行為をするのが「お接待」で、お茶やお菓子をふるまうことから、歩いているお遍路さんを車に乗せることやお金を喜捨することまで多様である。

しかし、遍路の姿をしているからといって全く面識のない人に金品を差し出したりするのは、現代日本社会の常識からは大きく外れているであろう。そのため、「お接待」を受けた遍路をしている人は、突然の出来事に感激して感涙してしまったり、日頃の常識的感覚から「お接待」に戸惑ってうまく対応ができなかったりする。

この「お接待」が、四国の地でどのように行われているのか、なぜそのような「お接待」がうまく成立するのか、「お接待」をする人やそれを受けた人はどのような意識であるのかを探求していきたい。

また、「歩き遍路」は、四国遍路の歴史の中で最近の遍路事情を反映した現象である。便利な交通手段がなかった時代には、歩いて四国遍路するのが当たり前で、「遍路」に「歩き」という語をつけることはなかった。その後高度成長期になり、団体バスや自動車が発達してからは、それらを利用するのがもっぱらの遍路となり、歩いて四国遍路をしようとする人はごくわずかであった。

ところが、利便性が増して、四国遍路の修行性がなくなると、全行程を歩いて巡る遍路の原点に立ち返る発想が出てきた。森正人は、徒歩以外の移動手段が登場し、多くの巡礼者がそれを使う時代になったからこそ、あえて「歩き」という語が付け足されるようになり、歩くことに意味があるとする「歩き遍路」の言葉が、一九九〇年代に起こってきたことを指摘している（森　二〇一四『四国遍路』、一九五、六）。

このような「お接待」と歩き遍路を中心に、現代の四国遍路をとらえるために、二つの方法をとった。ひとつは、四国遍路をした人によって書かれた四国遍路巡拝記を収集し、そこに記述された巡拝経過や人との交流から、現代の四国遍路の特徴を探ろうとしたことである。札所を歩いて巡る間に、突然「お接待」を受けて感激したことや、道に迷って不安な状態にいる時に、どこからか現れた人に教えられて何とか難を逃れることができたことなど、四国遍路巡拝記では遍路の道中事情が率直に書かれている。それは、日々経済活動や都市的生活にいそしむ現代人が、四国遍路という独特の領域に遭遇した時に展開される生身のドラマである。

四国遍路巡拝記の作者は、文筆活動を職業としていない人が大部分であり、また四国遍路の道のりはだいたい決まっているので、同じような経過を綴った文章が多いのだが、そうした中で、これは是非紹介しておきたいという遍路道中の出来事やその人独特の洞察に出くわすことがあった。私自身休日を利用した区切りの歩き遍路を続けており、へんろみち保存協力会の地図で確かめながら、あのとき通った遍路道を歩いているのだという共感もあって、楽しみながら四国遍路巡拝記を読み進めることができた。四国遍路巡拝記の多くは自費出版であり、そのうちのいくつかは出版市場にのらない非売品で、まったく売れることを気にせずに書いている。その中には、自分も味わってみたいと思う経験談がいくつもあった。

もうひとつは、四国遍路をする人に対してアンケートを実施し、どのような人たちがどのような目的で四国遍路をしているのか探ろうとしたことである。お遍路さんが来るのを第五十番札所繁多寺の山門付近で待機して、用意したＡ４版用紙一枚程度の質問紙に回答してもらう調査を実施した。四国遍路では「お接待」の慣習があり、お遍路さんとしておもてなしを受ける機会があるので、逆にアンケートを依頼された時には、期待に応えてあげようという意識がよくはたらくのであろう、予想以上にアンケートに協力的な人が多かった。午前中に訪れたお遍路さんは皆さん快諾してくれたねと、調査に参加してくれた学生らと言い合ったりしたものである。

また、札所の山門を通過するお遍路さんは、遍路姿の中高年夫婦、大きなバックパックを担いだ若者、タクシーを利用して颯爽と軽装で通り過ぎる人、遍路姿に身を固めた公認先達の人など、実にさまざまであった。アンケートに記入してもらいながら、遍路についての苦労話や楽しかった経験について、話の花が咲いたこともあり、四国遍路にまつわる情報を得ることができた。

筆者は二〇〇六年より、主に愛媛大学教員で結成する「四国遍路と世界の巡礼研究会」に加わり、二〇一五年に愛媛大学法文学部附属「四国遍路・世界の巡礼研究センター」が発足してからは、センター員として四国遍路の現代部門を担当し、研究集会でたびたび報告を行ってきた。四国遍路を何度も巡礼する人は今日多数おり、四国霊場会が公認する先達も数千名いる状況で、四国遍路の現状を語ることは浅学の筆者としては心苦しいところであるが、上述した四国遍路巡拝記の情報とアンケートのデータを考察することで、そこに潜んでいる知見を提供したいと思う。参照した四国遍路巡拝記の多くは二〇〇〇年以後出版され、調査も二〇〇六年から始めており、二十一世紀になっての四国遍路状況を示すことができるのではないかと考えている。

また、筆者は歩き遍路を実体験しその実状を理解しようとして、二〇一五年三月より休日を利用し区切りの歩き遍路をはじめた。二〇一七年六月に八八番札所大窪寺に着いて結願し、さらに歩き遍路を続けて二巡目を二〇一八年三月に終えた。現在も三巡目の歩き遍路を続行中である。歩いてみて、四国の人々が遍路する人を温かく迎え、「お接待」もしばしば行われていることを体験した。

以上から得られた情報をもとに、先行研究を加味して、現代の四国遍路における「お接待」と歩き遍路の状況を示そうとしたのが本書である。

四国遍路の現代

―「お接待」と歩き遍路―

―目　次―

第1章　四国遍路巡拝記における「お接待」

本章では、四国遍路を巡拝した人が記した事例や随想から、現代の「お接待」の特徴について考える。現代の四国遍路において「お接待」場面の主要な登場人物である「お接待する人」（以下「接待者」と記述）と「遍路をしている人」（以下「遍路者」と記述）との間の対面的相互行為に注目し、それらが記されている四国遍路巡拝記を取り上げる。

四国遍路巡拝記に注目した研究は、すでに佐藤久光によって行われており、一〇人の遍路過程が詳しく述べられている（佐藤　二〇一四年『巡拝記にみる四国遍路』）。それは、江戸時代から現代までの遍路の諸相をとらえたものであるが、本書は、二〇〇〇年代の「お接待」と歩き遍路に焦点を当てて、現代の四国遍路の諸相をとらえようとしている。

（1）四国遍路の「お接待」について

1 「お接待」の規定

最初に、ここで考察の対象とする現代四国遍路における「お接待」とはどのような事象を指すのか規定しておきたい。愛媛県生涯学習センターの『遍路のこころ』では、「お接待」とは狭義の意味において「四国遍路に対する物品・金銭・行為（労力）を無償提供する風習」を指し、広義の意味においてそれらに善根宿などの無料宿泊の提供を含むとしている（愛媛県生涯学習センター 二〇〇三：二）。四国遍路の宿泊の無料提供には、善根宿、通夜堂、自分の家の一部を提供するなど種々あるが、ここでは宿泊も物品の一時的提供と考え、広義と狭義を含めて広く「お接待」として考えたい。

愛媛県生涯学習センターの上記報告書では、「お接待」は托鉢（行乞・お修行）など遍路者の求めに応じて行う受動的なもてなしとは異なる点が重要であると述べられている。「お接待」する者の自発性は、現代におけるボランティア活動や援助行動と関連する特徴の一つであろう。

ナンシー・アイゼンバーグとポール・マッセンは、他人あるいは他の人々の集団を助けようとしたり、こうした人々のためになることをしようとする自発的な行動を「向社会的行動（prosocial behavior）」と規定している（ナンシー・アイゼンバーグ、ポール・マッセン 一九八九、邦訳一九九一：六）。向社会的行動と「お接待」との関連について考えてみよう。

「お接待」にはさまざまな場合が考えられるが、相手の人が欲していないのに物品を差し出す場合がある。遍路巡拝記より一例を挙げると、「お接待」で蜜柑をもらったところ、しばらくしてまた蜜柑の「お接待」があり先ほどの蜜柑もまだ食べていないので断ると、その人は本当にがっかりした表情を見せたという（辰濃　二〇〇六：二六四）。つまり、後から蜜柑を「お接待」しようとした人の行動は、相手の思いを満たすものになっていないということである。

お接待する人は遍路する人に蜜柑を無償で渡すことが「お接待」だと考えて行動しており、実際に出会った相手の人が望んでいるかそうでないかは考慮していない。前田卓によれば、昭和の頃、遍路者は接待者が勧めた物に対して、好むと好まぬとにかかわらずその接待品をいただかなければならないということが、暗黙の了解事項になっていたという（前田　一九七〇：二二三）。現在、このことは、四国遍路に関する案内書等には書かれているものの必ず読まれているわけではなく、誰でも思い立てば四国遍路をすることができるので、四国遍路にかかわるすべての人の了解事項とはなっていない。

「お接待」を断ってはいけないという暗黙の了解事項は、長く受け継がれてきた儀礼的習俗に属することであるが、遍路する人がそのことを知っているか、そしてそれを受け入れるかによって「お接待」が成立するかどうか異なってくる。（「お接待」を断った事例については、第1章二・三で紹介している。）

たとえばすべての行程を歩き通すことを目標としている遍路者に、車に乗せて次の札所まで送る「お接待」をすることは、遍路者の目標を達成できなくすることになり、車で送りましょうという「お接待」は遍路者を葛藤させることになる。どのように対応するかは、遍路者により異なり、目標に対する信念が強い場合、「お接待」を断ることになる。遍路巡拝記より事例を掲げると、「お遍路さん、次の恩山寺まで歩いたら日が暮れますよ。私運転手ですがお乗り下さい。お接待させて下さい」と言って頭を下げられたところ、「ご親切ありがとうございます。歩くことにしていますので」と断っている(向井二〇〇〇:三九、四〇)。この場合、「お接待」をしようとする者は相手の置かれた状態を考え全くの好意で進言しているのであるが、遍路する人の意に沿わない申し出となって「お接待」が成立しなかったのである。(車の「お接待」については、第1章二・四で論じている。)「お接待」の行為は、前述のアイゼンバーグとマッセンの規定に従えば、向社会的行動である場合もあればそうでない場合もあるということになるだろう。

さらにアイゼンバーグとマッセンは、向社会的行動は他人にプラスの結果をもたらそうとしてなされるものの、報酬を受け取るためであったり他人からの承認を得るために行われることがあり、そうではなく他人の福祉や正義が大切だとする信念を含んでいる場合、「利他性」による行動と規定している。向社会的行動は、他者を援助したりその人のためになる行動であり援助される側にとってプラスになる行動であるが、行動する側の動機に自己への利益指向はなく「他者への福祉や正義に合致している」ことがある場合利他性による行動ということになる。

「お接待」の行動が「利他性」による行動であるかどうかは、「お接待」を行う人の動機がどうであるかによる。四国遍路の「お接待」行動が、他者への福祉や正義(ここでは遍路者の便宜や安全)に合致しているかどうかを考えることは、「お接待」現象が現代社会においてどのような位置にあるのか知るために重要であろう。

前田によると、遍路者は「お接待」の返礼として納め札を接待者に渡すことになっており、その後接待者は納め札を俵にまとめて玄関に吊し、それが魔よけや盗難よけになると信じられたという(前田一九七〇:二二三)。接待者は遍路者に接待品を渡すことによって、現世利益的なものを得ようとしているのであり、そこにギブ・アンド・テイクの関係があると前田は指摘している。この場合、「お接待」することの返礼や納め札をもらうことが意図されているのであれば、「お接待」する側の行動は、純粋な意味での利他的な行動ではないことがわかる。

しかしながら、現在では納め札を受け取らない場合も多くあり、そうなると純粋に「利他性」による行動も含まれているのが現代の「お接待」だということになる。「お接待」する側が、どのような動機であるのか、この後探っていくことにしよう。

また、物品を無料で提供するということについて、若干付言しておく必要がある。四国遍路巡拝記には、遍路者には食堂で食事をした際料金を安くするとか、商品を販売価格より安く売ってその差額を「お接待」しますという事例がよく出てくる。この場合、売った者と買った者双方に差額は「お接待」であるという認識が共有されている。従って、必ずしも完全無償というわけではないが、遍路者の便宜を図っており「お接待」の中に入るであろう。この場合も、買い手が先に価格を値切る交渉をすれば、売る側の自発性によるものではなくなり、「お接待」という認識はなくなるだろう。

このように、「お接待」は、遍路者の望みを満たす場合（すなわち向社会的行動となる場合）もあれば、そうでない場合もあり、あるいは自己への見返りがなく遍路者の福祉や正義になる場合（すなわち利他的行動の場合）もあれば、そうでない場合もある。その意味でさまざまであるが、贈与行動がすべて「お接待」であるのかというとそうではなく、まさに四国遍路において慣習的に続いている儀礼的習俗に則って行われるがゆえに「お接待」となるのである。（このことについては、第一章（４）「「お接待」と儀礼」のところで詳しく考える。）

これらを含めて、「お接待」とは「四国遍路をする者に対して、慣習的に続いている儀礼的習俗に則って、無償あるいは便宜を図って自発的に物品・金銭・行為（労力）・宿泊等を提供する活動」と定義する。

2 「お接待」の形態

四国遍路の「お接待」にはさまざまな形態がある。前田はその人数や実施様態から、1、個人接待、2、霊場付近の村落民による接待、3、接待講の三種類をあげている（前田　一九七〇：二一七―二五三）。個人接待では、さらに自宅が遍路道の近くにあってその前を通る遍路者に接待をするものと、篤志家が霊場の境内や仁王門の前で接待するものとに分けている。個人接待については、遍路する人と「お接待」する人との対面的相互行為に今日の「お接待」の特徴が現れており、本書で詳しく取り上げる。

霊場付近の村落民による接待は、現代においては町内会や地域の行事として行われるものが多く、地域の人々との交流や町おこしの意味を込めて行われている。

接待講は多くの場合、四国の対岸の地域から団体で札所に来て「お接待」するもので、和歌山から有田接待講、野上接待講、紀州接待講、大阪から和泉接待講など伝統的に継続して行われてきた。地域の特産品や巡礼に役立つ品を船で運び、札所や近くの接待所でお遍路さんに配るのである。これらについては、先行研究で明らかにされており（前田　一九七〇、早稲田大学道空間研究会　二〇〇〇、星野　二〇〇一、愛媛県生涯学習センター　二〇〇三）、本書では個人接待について考察を進めていく。

なお、早稲田大学道空間研究会の指摘による「事業体単位での接待」は、現代的な一つの形態として注目することができる（早稲田大学道空間研究会　二〇〇〇：四六）。そこでの事例は四国電力の宿毛営業所の所員が第三九番札所延光寺で「お接待」を行うもので、老人会や町内会の行事に近いものだが、団体による「お接待」として今後発展する可能性があるだろう。

3　引用した四国遍路巡拝記について

地域の「お接待」行事や接待講は定期的に団体で行われるため、個人による工夫の余地や自主性は発揮されにくい。その点個人接待は、その人自身の思いが込められた「お接待」となり、その時の遍路者との出会いに応じてさまざまな形をとって行われる。本書では、四国遍路巡拝記における個人接待を多数引用して、考察を行っている。

最近（一九八〇年以降）の四国遍路巡拝記を可能な限り収集し、ここでの考察対象となるものを選定したところ、現時点（二〇二〇年七月）で一九一冊となった。（上下二巻は一冊とした。）選定の条件は、各個人が実際に行った遍路についての具体的な記述があることである。たとえば「お接待」を受けたこと、道に迷ったり足の痛みに苦労したこと、同じ遍路する人との交流、宿や食事の様子などが書かれているものに限定した。各人の巡拝過程の様子と遍路への述懐がうかがえることを重視し、札所の縁起や境内の歴史的説明に終始しているもの、写真集や俳句集、初心者への四国遍路案内書などを除いた。

ただし、あまり限定すると画一的な四国遍路巡拝記のみになってしまうので、上述のことが書かれていることが必須条件であるが、歩き遍路だけでなく他の交通手段を使ったものや、遍路の記述だけでなく他の地域を観光しているもの、時事的なことを書いているもの、エッセイ風に書いているものも含めることにした。

対象とした一九一冊及びその著者の状態について記しておこう。著者が複数の夫婦や親子は、そのうちリーダー的な人を対象とした。

一九一人の移動手段については、全行程の歩き遍路は一二六人（六六％）、歩きに加えて鉄道やバスを利用は五四人（二八・三％）、車、バイク、自転車を利用は一一人（五・八％）であった。三分の二が、全行程

（図表（1）三・一）　四国遍路巡拝記（191 冊）の発行年の分布

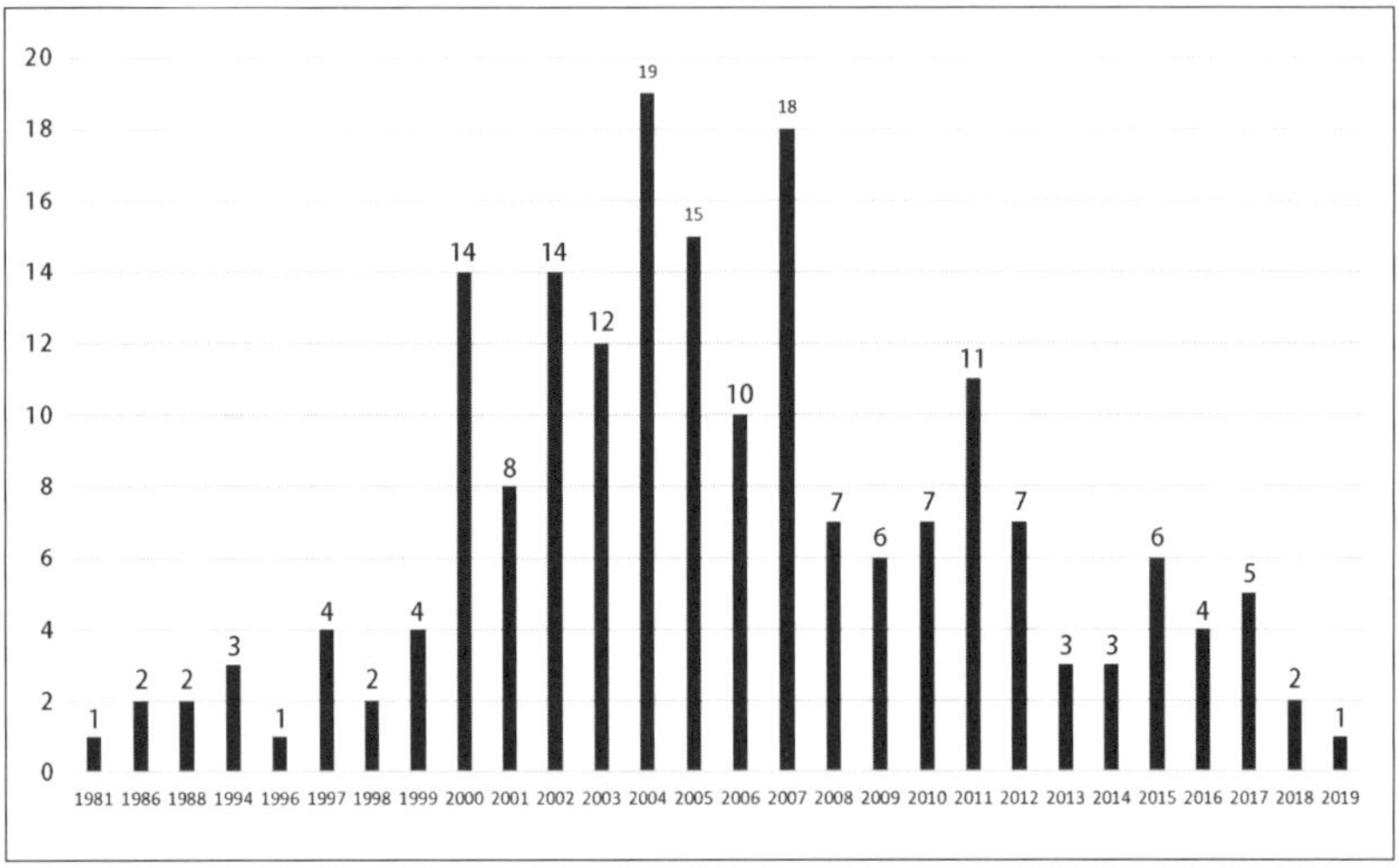

を歩いている。

（図表（1）三・一）は、四国遍路巡拝記を発行年で分けたものである。二〇〇〇年～二〇〇七年が各年八冊以上と多くなっており、この八年間で五七・六％（一一〇冊）を占めている。歩き遍路への関心の高まりとともに、自分の遍路記録を残しておこう、あるいは他の人にも知らせてあげたいという気持ちで自費出版する人が、この時期増えたのであろう。その後、二〇〇八年より少しずつ減少している。

八八の札所を一回の行程で行く「通し遍路」は八六人（四五％）、何回かに分けていく「区切り遍路」は一〇一人（五二・九％）、不明四人（二・一％）であった。すべてが右回りの順打ちであるが、出発は一番札所霊山寺でないものがあった。

四国遍路出発時の年齢は、判明している一六八人の平均で五七・六歳、最年少は一六歳、最年長は八八歳であった。そのうち六〇代は八三人（四九・四％）でほぼ半数であった。その六〇代のうち五九人（七一・一％）が全行程を歩いており、さらに一度の出立で通して歩いている人は三七人（四四・六％）であった。

出身地（書かれていない場合は出生地）は全国各地であるが、東京が最も多く四四人であった。次いで、大阪（一〇人）、神奈川（九人）、愛知（九人）、兵庫（八人）、福岡（八人）、岡山（六人）、愛媛（六人）、埼玉（五人）、広島（四人）、高知（四人）であった。だいたい人口に比例しているとみられる。

四国遍路巡拝記の多くが自費出版であるとみられる。最も多い出版社は文芸社で三三件、値段のついていない非売品は六件であった。非売品の書籍は入手がむずかしく、筆者はその多くを愛媛県立図書館資料室で知り閲覧読書した。非売品の書籍はそもそもどれだけあるのかさえ、不明である。徳島県三好市佐野にある民宿岡田において、ここは第六六番札所雲辺寺に行くための重要な拠点で人気の遍路宿であるが、筆者未読の自費出版であるとみられる四国遍路巡拝記が、書棚に数冊並べられていた。おそらく、宿でお世話になったのであろう、著者からの寄贈によるものとみられる。この他にも非売品の書籍は多数あると見られる。

また、インターネットのブログには、多くの人が四国遍路巡拝模様を載せている。豊富な情報が掲載されているが、ブログ掲載の期間が不安定なことや、モニター画面を通したブログの文字は読みづらいため、ここで参考にするのを断念した。

（2）遍路者にとっての「お接待」

本節では、個人で行われる「お接待」が、遍路者にとってどのように受け取られどのように対応されているのかを明らかにしようとする。そのために最近の四国遍路巡拝記における事例を取り上げて、「お接待」

として行われる対面的相互行為のさまざまな諸相を考察する。その際、「お接待」には激励の言葉やちょっとした道案内も含まれるが、それらは挨拶や日常のやり取りと区別がつかない場合が多いので、「お接待」であることがはっきりわかり、その特徴をはっきりと示す事例を中心に論ずることにする。

1　はじめての「お接待」

四国遍路巡拝記では、それぞれの人が受けた「お接待」の様相がさまざまな形で記述されている。はじめて「お接待」を受けた時、これまで自分が生活していた所で行ってきた日常の常識とは異なる世界に来た思いを持つことを、多くの人が書いている。次はそのような記述である。

（引用（1）二・一）

四人揃って今治市内を歩いていると、我々と同年代らしいおばさんに呼び止められた。「そこの病院に主人が入院しているんですが、あと三つ残して入院したので残念がっています。どうかこれを納めてください」と、一人一人に三百円ずつ差し出した。一瞬、私は受けとっていいものかどうか迷った。他の三人は黙って頭を下げて受けとったので私も頭を下げて有難くいただいた。こんなこともあるんだな。四国という所は、不思議な所だと思う。安田さんではないが、遍路姿であれば皆んな良い人なのだ。改めて私は、遍路とは何であるかを考えさせられた。

（後藤大　二〇〇〇年『風の吹くまま—四国遍路記—』文芸社　一四〇、一頁）

はじめてお金の「お接待」に直面して、他の三人が素直に受け取っていたのでそれに従ったが、内心驚きを隠せず「四国という所は、不思議な所だ」と書いている。そして「遍路姿であれば皆んな良い人なのだ」と遍路姿をしていることが、この「お接待」を招いていることを記している。そして、四国に来て遍路をするというのは、自分たちがこれまで生活してきた世界とは異なる場に踏み込んだということを感じ、「遍路とは何であるかを考えさせられた」と書いている。次もそのような例である。

（引用（１）二・二）

わたしとすれ違った軽トラックが、バックしてきた。荷台に生鮮野菜の箱が積まれている。窓が開いて、農機具メーカーの帽子を被った中年の男性がビニールの袋を差し出した。「お接待です」米菓子が入っている。「有り難うございます」軽トラックは飛沫を上げて走り去った。

自分で食べるつもりだったのか、それともお接待用だったのか、わたしには分からない。雨の中をわざわざ戻ってきて、見知らぬ人のために何かをするなどという光景は、四国でしか見ることはできないだろう。ここが異次元の世界であることだけは確かなようだ。

（宮本重剛　二〇〇三年『長い一本の道―四国八十八カ所巡礼』文芸社　九一、二頁）

軽トラックに乗った中年男性が雨の中をわざわざ戻ってきて、全く面識のないはじめて会った人であるにもかかわらず、その人から「お接待」を受けており、普段の日常生活とはかけ離れているのを感じて、ここが異次元の世界だと述べている。

四国が不思議な所だ、あるいは異次元の世界だといった印象を持つのは、四国に来てはじめて「お接待」を経験したためであり、それは遍路者となって四国の遍路道を巡拝しているから起こることである。

その遍路者になるのは今日誰にでも開かれており、思い立って行動すればすぐなれるのである。四国遍路が「ゆるい巡礼」であることを森は指摘している（森　二〇一四：一〇―一二）。すなわち一、出発はどこからでも、二、大衆化され誰でも、三、季節に関係なく随時いつでも、四、ステータスの差がなく平等に、五、個人でも集団でも、六、どこで中断し、またいつ再開してもよい。さらにつけ加えると、七、自家用車、歩き、バス、鉄道利用など巡る手段は自由、八、白衣や菅笠でなくてもよく、服装は自由、ということである。

従って、納経帳に墨書朱印が記帳されていくのを楽しむスタンプラリー遍路のように、遍路の知識がない人も、マス・メディア等の情報に触発されて、気軽に遍路する人も多く現れる。そのため、四国遍路の「お接待」を十分理解せずに遍路する人と「お接待」しようとする人との間で、さまざまな認識の違いや「お接待」を受け入れることへの葛藤が生じることとなる。

2 遍路者から見た「お接待」の特徴

このように、「お接待」を受けたことから、四国は「不思議な所だ」、「異次元の世界だ」との印象を書いている人がいる。次に、遍路者から見た「お接待」の特徴について、四国遍路巡拝記から見てみる。

① 突然の出来事

面識のない人による「お接待」は突然やってくる。はじめて遍路する者にとっては全く予想外の出来事で、うまく対応できないまま過ぎ去ってしまうことが多い。

（引用（1）二・三）

徳島市街地を歩いていた時、三〇代くらいの外国人女性から「どうぞ」と言われて飲物の自販機近くで百円玉を差し出された。全く予想もしなかったタイミングでの出来事で、受け取ったものの、どう返事してよいのか、一瞬戸惑い、「ありがとうございます」とだけ言うのが精一杯であった。彼女もさっさと立ち去ったので、お礼の「納札」を渡しそこなってしまった。

（清益実　二〇〇七年『四国遍路記　四国の風に誘われて』近代文藝社　三一、二頁）

外国人女性から百円玉をどうぞと差し出されるという全く予想外の「お接待」である。納め札を「お接待」に対して渡そうという返礼作法は心得ていたのだが、あまりに突然で、そして外国人女性は見返りを全く期待していなかったのかさっさと立ち去ったので、納め札を渡しそこなっている。この外国人女性は四国遍路における「お接待」がどのようなものかを知っていて、遍路者に出会ったので実行したようである。

（引用（1）二・四）

バスツアーのお遍路さんたちがドヤドヤと通り、中の一人のおばさんが「これで何か食べて」と千円札を握らせて、アッという間に行ってしまう。ちょ、ちょっと待って—と追いかけ「こんなん戴けません」と言うが「お接待は断っちゃいけんのよ」と諭されて戴く。突然の見ず知らずの人からの好意に、暫く涙が止まらなかった。

（杉山久子　二〇一一年『行かねばなるまい』創風社出版　三一頁）

遍路道沿道の人ではなく、バスツアーのお遍路さんから千円いただくという「お接待」である。歩いて遍路する人を見つけて急に思いついたのであろう、あっという間の行動で、いただけませんと言っても、「お接待は断っちゃいけんのよ」と諭されていただくことになったケースである。

（引用（1）二・五）

（遍路当時二〇代、土佐市内の公園で野宿をしていると）暗闇の中から突然一人のおじいさんが私のところへやってきて一万円札を差し出して言う。「私も若くて元気だったら、君のように四国を歩きたい。どうか頑張ってください。」おじいさんはそう言って、公園の向こうの暗い路地へ消えていった。…自分には多くの人の夢が託されている。これはもはや私一人の旅ではない。助けてくれた皆のためになんとしても最後まで歩き通したい。私はこの事件があってからそう考えるようになった。

（松坂義晃　一九九七年『空海の残した道　現代歩き遍路がそこに残したもの』新風舎　一三七、八頁）

野宿していると突然おじいさんがやってきて、一万円札を差し出し「頑張ってください」とひとこと言った後すぐに去って行くという、常識ではなかなかあり得ない出来事である。高額の「お接待」をしているにもかかわらず、若者が四国遍路のために野宿をしていることに感銘を受けたのであろうか、何の見返りも期待せず励ましの言葉だけかけて去っている。

「お接待」を受けた遍路者は「自分には多くの人の夢が託されている。これはもはや私一人の旅ではない。助けてくれた皆のためになんとしても最後まで歩き通したい。」と、気を引き締めている。普段の日常生活では考えられないことであり、それほど確たる理由で始めた訳ではない四国遍路について改めて考え直し、四国遍路結願への責任意識を自覚している。

② 見知らぬ人から

四国遍路の道中で「お接待」を受けるのが、予想外のタイミングであるだけでなく、全くの見知らぬ人から金品を贈与されるということも、驚きの一つである。次はその例である。

（引用（1）二・六）

国分寺の手前の西山で、見知らぬ女性から「お接待だから」と、無理やり現金千円を渡された。「お接待」で現金をもらったのはこれが初めてだが、物をもらうのに比べて、さすがに最初はとまどわされる。

（田口隆二　二〇〇二年『山屋の歩いた遍路道　四国霊場巡礼』文芸社　五七頁）

どの程度無理やりなのかはわからないが、見知らぬ女性から「お接待」として現金をはじめてもらっており、物をもらうのに比べて戸惑ったことを書いている。

前田は、ある「お接待」の事例において、団体バスの人にミカンと十円を差し出しても、ミカンだけ受け取って十円を受け取らない人がおり、中には「ありがた迷惑」といった態度をとる人もいることを指摘している（前田　一九七〇：二四四）。お金の「お接待」については、物の「お接待」と異なり特別な意識を生じさせることがわかる。

贈与における物と現金の違いは、物が些細な景品の配布から、思いがこもった手作りの小物までさまざまな場合があるのに対して、現金が贈与される場合は、今日では特定の場合に限られている。そのような場合とは、結婚祝いや香典など慣例的に決められた冠婚葬祭に関わる場合、自然災害を被った人や重い病を持った人への寄付行為、親しい人が別れや転勤の際に渡す餞別などである。他には、贈収賄か忖度的な金品の贈与など後々の見返りを求めての場合などがある。最近では、クレジットカードや電子マネーの普及により、キャッシュレスのやりとりが多くなって、現金が扱われない場合が多い。このようなことから、四国で行われているお金の「お接待」は、普段の日常的常識から見て大きな隔たりのある行為である。

「お接待」の申し出は一方的な贈与行為であるので、日常生活の常識的判断からそれを受け入れるかどうかの許容域があり、親切心からのちょっとした物であれば、受ける側に大きな負担や悪感情を与えないので、たいてい成立するであろう。しかしお金など、前述のように、贈与の一般的範囲にはおさまらないと感じられると、戸惑いや拒否的意識が強くなるであろう。そのため、実際にお金が手渡されると、贈与される側は通常の意識ではいられない。次はそのような事例である。

（引用（1）二・七）

九〇歳を超えるお婆さんが近づいてきて、…財布から百円玉を出して「お接待です」と私に手渡す。…見ず知らずの人からお金をいただくなんて初めての体験。ドキドキした。…お遍路は寺を巡り、接待を受けた方々の持っておられる願いを運ぶ役割を授かっていることがやっとわかってきた。大切な役目である。これまで接待を受けた方々の願いを一生懸命運ぼうと思う。

（小西敏明　二〇一一年『ゆっくり歩いて巡り合う八八の感動物語「四国遍路」』すばる舎リンケージ　一二一頁）

「お接待」をはじめて受けてドキドキし、ここではその人の願いを運ぶ役割を授かっているのだと考えるようになったと書いている。このように多くの遍路者は、「お接待」を有り難く頂戴するだけでなく、喜捨される意義をその時の状況からそれぞれ考えようとしている。

③　謙虚な言葉かけ

「お接待」は贈る側からの自発的な贈与行為であるにもかかわらず、謙虚な言葉で行われることが多い。次はそのような事例である。

（引用（１）二・八）

「アイスクリームを一つください」おばあさんは「はい」と言いながら、アイスクリームを容器につめはじめた。「おいくらですか？」「お金は結構です。お接待させてください」私はきょとんとしてしまった。この暑いなかで商売をしているのに、お接待など受けられないという気持ちが瞬間的に働いた。「どうぞ食べてください」私は、また躊躇して、差し出そうとした手を引っこめた。「どうぞ、お接待させてください」おばあさんは、容器につめたアイスクリームを差し出しながら、懇願するように催促した。「そうですか。ありがとうございます」私はやっと思い直して、おばあさんの気持ちを素直に受けることにした。しかし、それでも何かすっきりしない気持ちが残った。「申し訳ありません。遠慮なくいただきます」私はもう一度お礼を言ってからその場を離れた。「お気をつけになってください」という声が後ろでした。振り返って軽く一礼すると、おばあさんは笑顔で返答してくれた。

日陰がないので、歩きながら少しずつ食べた。ひんやりとした冷たさと淡い甘さが喉を潤した。何よりおばあさんの心がこもっている味であった。おばあさん、ありがとう。おばあさんからいただいた、この温かい心は決して忘れません。これからの人生で必ず恩返しをさせていただきます。

（武藤暢夫　二〇〇〇年『四国歩き遍路の旅【定年】三百万歩の再出発』ＭＢＣ２１　一四二、三頁）

夏の暑い中、お店を開いており、常識的にそれ相応の利益を得るのが当たり前であるのに、おばあさんは代金を「お接待させてください」と言う。それを躊躇したところさらに繰り返すので、こちらが折れて「お接待」をありがたくいただいたという事例である。

おばあさんには、遍路者には「お接待」すべしという思いが強く思念されていたのだろう。その際の遍路者とのやり取りは、終始謙虚な言葉かけとなっている。

（引用（1）二・九）

「おへんろさん、おへんろさん、お接待させて下さい」……してあげるではなく、「させて下さい」と呼び止める四国の人々のお接待文化には、誰しものすごいカルチャーショックを受ける。かつてこの文化はぼくが暮らす伊勢路、お伊勢さん（伊勢神宮）への参宮街道にもあった。路銀の工面がつかない最下層の人々は柄杓（ヒシャク）一本もってお伊勢参りに旅立った。行く先々で柄杓を差し出し奉謝を求め、時には小銭、時には食料を沿道の住民にいただき、それで命をつないで旅を続けたのである。ウォーキングのイベント以外に「歩き参宮」が途絶えてしまったと言って過言ではない現在、伊勢路からこの「喜捨」の精神文化はほとんど消えてしまった。

昨今、三重県でも観光振興の視点から「おもてなし」がかしましい。盛んにもてはやされてもいる。ぼくは上質の接客作法としての「おもてなし」を決して否定するものではないが、四国の人々の「お接待」とは似て非なるものである。「喜捨」の文化がこれほど広汎に、当たり前のこととして市井の普通の人々の間に息づいている世界は、この国ではもう四国にしか残っていないのではないか。

（西田久光　二〇一二年『歩きへんろ夫婦旅』星雲社　二三四、五頁）

伊勢参りではかつてあった「喜捨」の文化がほとんど消えてしまい、四国にしか残っていないのではないかと書いている。「お接待」という慣習化した儀礼的習俗が、現代の四国にはなお存在しており、それは、「させて下さい」と呼び止める「お接待」文化であり、喜捨の文化として市井の人びとの間に息づいている。かつては十分な金銭を持たず、食料を沿道の住民からいただいて旅を続けたのであるが、そうした必要性がなくなった現在においても、四国の一般の人々に「喜捨」の文化が保持されていることに誰しもカルチャーショックを受けることが語られている。

④　さりげない動作

「お接待」は「お接待させてください」と謙虚な言葉かけだけでなく、振る舞う所作もごく自然にさりげなく行われることが多い。

（引用（1）二・一〇）

「よかったら飲んで」彼は不意に缶コーヒーをくれた。「一人で廻りよるん？」笑顔でそれだけ言うと去って行った。缶コーヒーは冷たかったが心はホカホカ。見上げた栴檀の花が忽ち涙で霞んだ。その親切のあまりのさりげなさが、余計に心に沁みた。

（杉山久子　二〇一一年『行かねばなるまい』創風社出版　一二八頁）

一人で巡る遍路者に出会ってとっさに思いついたのであろう、男性が缶コーヒーをさりげなく渡している。相手に恩着せがましい気持ちをさせないように、笑顔で一言だけ言ってすぐ去って行き、その相手を思いやる行為に感動して、涙がこぼれ心に沁みたことを書いている。

（引用（1）二・一一）

山道を下っていくとリュックサックを背に上がってきた四十歳くらいの男性とすれ違った。その時、「どうぞ」とミカンを一つ手に持って差し出して下さった。…この場合、あらかじめ遍路が来ればこれをあげようと思っていたわけではなく、たまたま出会ってとっさに差し出されたようだった。

すれ違いざまのお接待というのはとっさのことだけに、お接待という行為が日常的にその方の観念の中に定着している、ごく自然な行為と考えられ、四国の人たちの人情を切実に感じられる瞬間である。

（狭間秀夫　二〇一六年『後期高齢者四国遍路を歩いてみれば』風詠社　一四三、四頁）

この事例では、「お接待」はあらかじめ意図していたわけではなく、出会った瞬間にとっさに起こった行為であり、それは日常的にその人の観念の中に定着しているから、ごく自然に行ったのだと述べている。

（引用（1）二・一二）

コーヒーをくださったおじさんには「恩恵をほどこす」といったぎょうぎょうしい素振りはなかった。コーヒーがある。のどが渇いた人がいる。ごく自然に差し出す。それだけだ。土地の人たちはきっと、遍路びとにお接待をしていた父祖の姿を見て育ったのだろう。自分のものを人のためにさりげなく差し出す気風が、伝統として受け継がれてきたのだろう。受け継がれたものがいま、遍路の文化になっている。

（辰濃和男　二〇〇一年『四国遍路』岩波書店　一一六、七頁）

恩恵を施すといったぎょうぎょうしい振る舞いはなく、ごく自然に「お接待」のコーヒーを差し出しており、それが親や祖父母の姿を見て受け継がれてきたのだろうと書いている。一般的にみれば面識のない人への贈与行為であるが、遍路者への「お接待」としてごく自然にさりげなく行われており、それは親や祖父母から受け継がれ、その人の行為様式として身体に定着しているのだとみなしている。

⑤　見返りを求めない

「お接待」されたお返しに納め札を渡すということが慣習とされているが、そうでない場合がある。「お接待」をしても納め札を求めずそのまま立ち去ることがある。

（引用（1）二・一三）

国道に沿った集落の旧道を歩いている時、傍らの雑貨屋らしい店から出て来たおばあさんに呼び止められた。恐らく、その店で買い物をしたお釣りだったのだろう、握り締めていた数百円の小銭を、そっくりお接待として握らせてくれる。お礼に納め札を渡そうとすると、顔の前で大きく手を振って断りながら、「気をつけてね」と、足早に立ち去って行く。

（中村三夫　二〇〇四年『へんろ随想』新風社　一三三頁）

このおばあさんは、お店から出た時に遍路者を発見し、急に「お接待」をしようとして、手持ちの小銭を渡したのであろう。遍路者に「お接待」をすることだけが目的で、納め札をもらうことなど気にかけず遍路者に何らの返礼も求めていない。

（引用（1）二・一四）

この内子町は柿の生産地である。…道路端に時々無人販売の柿がある。一袋二百円ぐらいである。買おうと思って手を伸したら、上の家から声がかかった。「お接待しますから、おいでなさい」と。喜んでゆくと、農婦の方が採り立ての山程の柿の中から、完熟の真っ赤な柿をどっと持ってきて、包丁も渡される。甘い柿がどんどん喉を通る。お腹いっぱいになり、お礼を言うと、持てるだけ持ってゆきなさいと、ビニール袋まで下さる。持ってゆきたいのは山々なれど、荷物になると遠慮する。博さんは折角だからと、一〇個ばかり背負い込む。お礼状を出さねばと、住所と名前をメモして、厚くお礼を申して出発する。博さんが再びその無人販売所前を通る時、金銭入れに千円札を入れて歩き出したのである。

なにほど歩いた頃だったろうか、後から自転車のご婦人が私たちの前に止まり、「遍路さん、これは困ります。そうされるのではないかと見にゆきましたら、千円札が入っているので、遍路さんに違いないと追って来たのです。これは戴けません」と強引に返されたのである。四国ではお接待は素直に頂くことがルールと知ってはいたが、ついついこちらも感謝の気持を表したいのが人情である。人は本来善であることをつくづくと実感する。

（向井安雄　二〇〇〇年『四国八十八カ所ある記』鳥影社　一一一頁）

四国遍路では、「お接待」のお返しに納め札を渡すということが慣習になっているが、このケースでは納め札でなく現金で返礼しようとしている。しかし、これはいただけませんと強引に返されている。他の引用ケースでもよくあるように、接待者は返礼を求めないことが多い。

「お接待」への返礼に納め札を渡すことは、それがご利益をもたらすという発想がないところでは、むしろ返礼としてふさわしくないのではないかという思いを持つ人がいる。次はそのような記述である。

（引用（1）二・一五）

親切な振る舞いに、思わず納め札を渡そうとすると、「いらんそんなもん」と真っ当な反応で、うれしくなった。私も、お遍路がお接待されたときに手渡すぺらぺらな紙のお札には最初から気恥ずかしい思いがしていたのだ。

（宮田珠己　二〇一一年『だいたい四国八十八ケ所』本の雑誌社　八四頁）

慣習から納め札を渡そうとして、断られた経験である。本人も「お接待」の返礼にぺらぺらな納め札では気恥ずかしさを感じていたのであろう、断るのは真っ当な反応だと書いている。ここには、納め札を集め俵にまとめて玄関に吊すと魔よけや盗難よけになると信じられて、納め札はご利益になるといったかつての慣習からの発想はなく、「お接待」はただ相手に親切な振る舞いをしようという利他的な意図だけで行われている。

以上の五点が遍路する者の視点から見た「お接待」の特徴である。現代においても遍路道沿道の場面で、そうした特徴を持つ「お接待」がさまざまな形で行われている。これら五点をあわせると、遍路者にとっての「お接待」とは、札所や遍路沿道で、見知らぬ人から謙虚な言葉かけとさりげない動作によって金品等が提供され、それに対して見返りを求めない突然の行為である。

３　「お接待」への対応

「お接待」を受けた時、どのように対応するかは、遍路者の「お接待」に対する認識、経験の度合い、そしてその時の状況によってさまざまに変わってくる。「お接待」を断る場合、逆に「お接待」を期待する場合、歩いていて地域の人から拝まれる場合などが、四国遍路巡拝記では語られており、それらを次に掲げてみよう。

①　「お接待」を断ったり負担に思うケース

「お接待」は断ってはいけないという慣習は一般的であるとされるが、そのことを知らずに、あるいはその時の状況から「お接待」を断わる場合がある。

（引用（１）二・一六）

僕が二巡目で愛媛を歩いているときのことだった。道順を尋ねたら、一〇分ぐらい一緒に歩いておしゃべりしながら道案内をしてくださったおばあさんがいた。「変わったお遍路さんもおるなあ。この間は、男のお遍路さんにお賽銭をあげようとしたらな、「金ならたくさんあるから要らん」といわれた」。

（串間洋　二〇〇三年『お経を唱えたことのない人も四国遍路のはじめ方』明日香出版社　一八六頁）

「金ならたくさんあるからいらん」と自分の今の境遇から「お接待」を断っている。「お接待」は断ってはいけないという慣習からするとしてはいけない行為ということになるが、それを知らないのであろう、「お接待」は成立しなかった。「お接待」の成立には、遍路者が「お接待」の儀礼的習俗を十分認識していることが必要となる。

次は、認識していなかったために、対面的相互行為の場面で「お接待」が成立しなかったケースである。

（引用（1）二・一七）

バス停でバスを待っていたお婆さんがいきなり近寄って来て、黙って千円札を渡そうとした。「ありがとうございます。でも大丈夫ですから」といって受け取りを辞退した。お婆さんは怪訝そうな顔をしていた。年金暮らしのお婆さんにとって、千円というお金は大きなお金だろう。たとえ接待だろうと受け取ってはいけないなと思った。私は何も分かっていなかった……。

（桂木正則　二〇一六年『山と海と風と潮　四国八十八ヵ所歩き遍路旅』MPミヤオパブリッシング　五五頁）

おばあさんが近寄ってきて、千円を渡そうとしたので、「大丈夫ですから」と「お接待」を辞退した事例である。遍路者は千円というお金はおばあさんにとって大きなお金だろうと思い、自分の方はそれをもらわなくても大丈夫だと返答したのである。遍路者は、この時「お接待」の意味を十分理解せず普段の日常常識からこのように話したのだが、後に書いた遍路巡拝記に「私は何もわかっていなかった」と書いており、その時辞退したことがよくなかったことを記している。次もまた断ったケースである。

（引用（1）二・一八）

小学校の校門前にしゃがみ、僕に手招きをする婆さん。近づくと、五円玉一〇個をビニール袋に入れたものを、ぼくに渡そうとする。このとき、お婆さんの後ろには二人の婦人が立っていて、この様子を見ておられた。「すみませんお金は受け取れません」ぼくはとっさにこばんだ。

すると後ろにいた婦人の一人が「おへんろさん、それはだめです」と、ぼくに近寄ってくる。顔を赤らめて明らかに怒っている。婦人はこう言った。「お婆さん九七歳。五円玉を集め、毎日おへんろさんにお接待をしている。仏さまとのご縁がありますようにと祈りを込めた五円玉。お婆さんにとって五円玉はお金ではありません。生きていることのこころのよすがなのです。それを断るなんて、あなたみたいなおへんろさんは見たことがない。」とさんざん叱られた。

（あいちあきら　二〇一六年『へんろみち　お四国遍路だより』編集工房ノア　一五六、七頁）

おばあさんが「生きていることのこころのよすが」として「お接待」を差し出しているのに対して、現金は受け取れないと常識的な断りの返事をしたところ、婦人からそれはだめだと叱責された事例である。

この遍路者にとって、お金は「お接待」として受け取るものの想定外であったのであろう。一方おばあさんにとっては、「お接待」することが最重要な思いとなって、遍路者に喜捨することが生きがいとなっており、遍路者との認識のすれ違いが起こっている。おばあさんと近親の婦人は、「お接待」を断った遍路者に対し「お接待」の習俗に反する行為だと強く非難している。このように四国の年配者の間には、守るべき「お接待」の行為規範がしっかりと体得されており、遍路道沿道で実際に実行されている。

（引用（1）二・一九）

足が悪いそのおばあさんは、日陰になった自宅の脇に敷物を敷いて横になり、お遍路さんを見つけるたびに呼び込んで、五円玉を一〇個入れた袋をお接待にくれたという。…お接待の五円玉を札所のお賽銭に使うという人や、高野山まで持って行くという人など、みんなそのお接待を重く感じていた。自分は幸か不幸かそんな重いお接待を受けずにきた。

（木下徳生　二〇一〇年『四国お遍路　まんだら』尾張屋印刷所　三四、五頁）

これは前例と同じおばあさんの場合で、「お接待」を断ったケースではないが、五円玉を一〇個入れた袋の「お接待」を受けて、歩き遍路にとって物理的にも精神的にも負担に感じることを書いたものである。「お接待」はもらって常にうれしいというわけにはいかず、荷物を軽くしたい歩き遍路にとっては重荷になったり、感情移入されているだけに精神的に負担になったりして、素直に喜べない場合がある。

「お接待」を断ってはいけないというのが慣習となっているが、「お接待」の場面にもさまざまな事情がある。接待者の生活が苦しいのを察して、「お接待」は断ってはいけないという慣習を知っているにもかかわらず、申し出た「お接待」を遍路者が辞退することがある。次のような事例がその場合である。

（引用（1）二・二〇）

私は丸椅子から立ち上がってガラスケースから牛乳パックを取り出し、「いくら」と聞いた。婆さんはちょっと困った表情を見せて、「お接待…お接待しときます」と、か細く言って、こちらの顔をうらめしそうに見た。…千客万来とも思えぬこの店で百円の利益を出すのがどれほど大変か、迷う婆さんの所作とともに想像はできた。思えば四六時中どこかで接待を待ち望むようになっていた私も、さすがにこの接待には気が咎めた。「お湯を接待してもらったし、これは払わしてもらわんと、お大師さんに叱られる」。遍路となってはじめて品物の接待を断わってしまった。

（加賀山耕一　二〇〇〇年『さあ、巡礼だ　転機としての四国八十八カ所』三五館　二二八、九頁）

ここでは、お婆さんは遍路者への「お接待」を自分にとっての義務的行為だとみなしていることがうかがえる。そのため生活の糧を得る商売事情は苦しいにもかかわらず、遍路姿をしている人に「お接待しときます」と言わざるをえなかったのである。遍路者への「お接待」を必ずしなければいけないものと考えなければ、こうした葛藤は起こらず、接待される側も「お接待」なしで済ませることができたであろう。

しかしお婆さんの「お接待」すべしという意識が強かったために、「お接待しときます」と言ったのだが、遍路者は繁盛しているようには見えないお店の状態を考えて、断る決断をしたのである。「お接待」しますという申し出に対し、それは今ここの現状から見て、素直に受け入れるべきではないと感じさせる場合があり、遍路する人に「お接待」を受けることへの葛藤を生じさせている。

また、「お接待」だと言って代金を受け取らない場合もある。

（引用（1）二・二二）

店内には店のおばあさんが一人いるきりだ。棚に並んでいる缶入りの茶を買う。代金を差し出すと、お接待といって受け取らない。失礼な言い方かもしれないが、それほど豊かにも見えないおばあさんの店で、商品をお接待と言われては気が引ける。しかし、どうしても受け取らないので、飴を一袋買った。遍路が来るたびに接待していては、店の収支は果たしてどうなるのかと、他人事ながら心配になる。

（大谷唱二　二〇〇四年『四国八十八ケ所遍路　ふれあいの旅路』文芸社　九六、七頁）

お店で商品を買って代金を差しだそうとすると、「お接待」と言って受け取らないので、他の商品を買って若干のお金を払った場合である。四国遍路における「お接待」の意味を十分に知っていても、裕福には見えない人からの「お接待」の申し出には、慣習通り受け入れられない場合があるということである。

② 「お接待」を期待する気持ち

長く遍路を続けて、これまでにいくつかの「お接待」を受けていると、それが接待者の自発的な好意からであると知りつつも、いつしか「お接待」を期待する気持ちが出てくる。そのような気持ちを書いているものがある。

(引用（1）二・二二)

(宿の夕食時に集まった席で)「今日はお接待がなかったなー、疲れたー」の発言に対して、皆もムッときたみたいで、すかさず主人が「お接待は、要望するものでも、期待するものでもありません」と説教しました。

(坂上忠雄　二〇一七年『お遍路は心の歩禅　現代版お遍路のススメ』梓書院　九七頁)

今日は「お接待」がなかったことを発言して、宿の主人から「お接待」は期待するものではないと説教されている。頻繁に「お接待」を受けていると、逆になかった時のことが気になるのであろう。

③ 悩みの聞き役として

遍路者が地元の人と出会った時に、話し相手となっていろいろ話を聞かされる時がある。

(引用（1）二・二三)

百円玉が二つ。現金のお接待である。「お参りの線香代の足しにしてほしい」ということらしい。二十分近く話していただろうか、おばあさんは「聞いてもらって少し心が穏やかになった」と、女房だけでなく傍らにいただけの僕らにも千円ずつ差し出した。合計三千二百円。おばあさんは、自分の家族や近所の人には苦しい胸の内を話せない。お大師さんと同行二人のおへんろさん相手だからこそ話せるのだ。おへんろさんにはそういう役割もあることを知った。

（西田　久光　二〇一二年『歩きへんろ夫婦旅―身も心もダイエットてくてく１２００キロ』星雲社　四九頁）

悩み事があっても、自分の家族や近所の人には話せず聞き役になってくれる人がいない時、苦しい胸の内を通りかかった遍路者に話すことでストレスを解消している。このような場合は多くないであろうが、お大師さんと同行二人であるとの思いがあって、遍路者にお大師さんが乗り移っているかのように悩みの聞き役となっている場合である。この場合、「お接待」は苦しい胸の内を聞いてもらったお礼の意味を持っている。

④　他人から拝まれる

「お接待」の際に拝まれたり、遍路道中に全く見知らぬ人から拝まれることがある。普段の生活では、他人から拝まれることなどほとんどないであろうから、何度かそのようなことを経験していると、意識が変化していく。遍路者はそうした経験をたびたびしており、次はそのような事例である。

（引用（１）二・二四）

対向してきたワゴン車が停車して有り難いお接待です。五十歳くらいの女性で、ペットボトルのお茶とドラヤキをいただき合掌されました。結願するまで二十回ちかいお接待を受けましたが、自分を振り返ってみて、お接待をいただく資格があるかという気持ちと、いやそれにもまして合掌されるとドギマギして、こちらも合掌するしかありません。

通常、ただの人間が他人様に拝まれるなんてことは絶対あり得ないでしょう。信仰心の薄い私のような者でも、四国を回っているうちに心の中でなにかがすこしずつ変わっていくのを感じました。お接待をいただくたびに考えさせられます。

（吉田哲朗　二〇〇四年『ぐうたらしじィのお遍路日記　四国霊場八十八カ所通し打ち1200キロ』熊本日日新聞情報文化センター　七二頁）

あまり信仰心の強くない者が、「お接待」をいただいて合掌されると、自分に「お接待」をいただく資格があるのか、思わず自問の気持ちが生じる。そして「お接待」をもらうにふさわしい遍路者にならねば、という思いが生じる。

（引用（1）二・二五）

雨中の旧道をのんびり歩いていると、「おへんろさん、おへんろさん、ちょっと待ってくださいやー」と、昔ふうの番傘をさしたおじいさんに呼び止められ、立ちどまった。おじいさんは雨も気にせず番傘を地面に置き、「なむだいしへんじょうこんごう、なむだいしへんじょうこんごう」と大師宝号を唱え、僕にむかってとてもゆっくりした動作で合掌し丁寧に頭をさげてくれた。そしてガマグチを開け千円札を握らせてくれたのだった。なんとご丁寧なお接待なのだろう。

拝まれた僕はどう反応していいかわからず、ただただ深く合掌を返しただけだった。またしばらく行くと、ひょいっと軒先に出てきたおばあさんに（たぶん僕が前を通るのを待っていたのだろう）五百円お接待され、「なむだいしへんじょうこんごう」と拝まれる。（ほんとにもったいないことだ、僕には与える物が何もないのに……この人たちのためにも頑張って歩きとおそう、それがおへんろなんだ…）

（西谷尚　二〇〇二年『祈りたかった』健友館　二一〇、一頁）

「お接待」する人は、「なむだいしへんじょうこんごう」と遍路者をお大師様として接しているが、遍路者はあくまで自分に対して「お接待」してくれているのだと思っている。「なむだいしへんじょうこんごう」と拝まれ「お接待」されることに対して、「僕には与える物が何もないのに」と、自分としてそれに見合うだけのお返しができないことを気にかけ、「この人たちのためにも頑張って歩きとおそう」と思いを新たにしている。「お接待」という贈与行為を人間対人間のレベルでとらえ、そのお返しについてもそのレベルで考えている。

（引用（1）二・二六）

七十歳代と思われる老婦人が自転車でやって来た。私と目が合うと「歩いて廻っているんですか」と声を掛けてきた。「ハイ」と答えると、思いがけない言葉が彼女の口から発せられた。「拝ませて下さい」と言ったのである。驚いて私は「とんでもありません」と言って、とっさに彼女に向かって合掌を返し、頭を下げる。彼女も手を合わせ、店内に姿を消した。

私を拝むとはどういうことなんだろう。交通手段の発達している今の時代に、わざわざ歩いて巡礼している私にご苦労様という気持ちと共に敬意を抱き、私をお大師さんと見立てて拝んだのか。

（狭間秀夫　二〇一六年　『後期高齢者四国遍路を歩いてみれば』　風詠社　一三八頁）

「拝ませてください」と礼拝の行為に対して遍路者は、歩き遍路へのねぎらいの気持ちとともに、私をお大師さんと見立てて拝んだのではないかと書いている。歩き遍路をお大師様と同一視して礼拝するふるまいが示されている。私個人ではなく、私をお大師様と見立てて拝んでいることに気づいている。

（引用（1）二・二七）

振り返れば、この遍路で私は、私に祈る多くの人にあった。夕方、通りすぎる商店のガラス戸が閉まっている。その陰には静かに手を合わせる方がいた。田畑で遠くから私に手を合わせる姿も何度か見た。もちろん、私が気づかないときも幾人もの人が私に手を合わせていたのであろう。そして私が無事、歩ききることをも祈ってくれたのだろう。

私の個別的自我に、この私に祈られるべきものがあろうはずもない。ここでは、もう私は単に私自身ではない。私は誰か別の途轍もない幻を負って歩いている。そう気づくのである。無心の祈りの力を私ははじめて知ったのだった。そう思って歩きだしたとき、突然、涙が流れでた。彼の祈りが私の心を洗ったのだ。同行二人とは見事に言い当てたものである。

（熊倉伸宏　二〇一六年『あそび遍路　大人の夏休み』講談社　一一二頁）

密かに自分に合掌する人を何度か見て、それは自分という個別的存在に対してではなく、同行二人でいる別の途轍もない幻に対してであることに気づいたと述べている。その無心の祈りの力を感じて、涙を流している。他人から拝まれること自体は、何かを贈与されるわけではないので、「お接待」ではないとみなすことができるかもしれない。しかし見知らぬ人の自分への祈りは、それがお大師様への祈りのつもりであったとしても、自分とともにあるという実在感が、自分にその人との連帯感を感じさせ、「お接待」されることと共通するものを感じることができる。

（引用（1）二・二八）

（旅館でいっしょになった）男性は、「人様がお遍路さんに合掌してくれるのは、あなたや私のようなお遍路さん自身に対してではなくて、お遍路さんの人格の中にある仏性に合掌してくださるのです。つまりお大師さんの御心に合掌してくださるわけで、お遍路さんがエラクなったわけではありません。勘違いをしてはなりません。」「はあー仏性にですか」「そうです。仏性はむずかしいものではありません。誰にでもあるものです」
（藤田健次郎、フミヨ　二〇〇八年『夫婦へんろ紀行』東方出版　一一三頁）

ここでは、歩き遍路者に合掌するのは、遍路者の人格の中にある仏性に合掌するのであり、それはすなわちお大師様の御心に合掌しているのだという。仏性は誰にでもあるといっているので、どの歩き遍路者にもお大師様の御心を持っていることになる。

このように、四国の人から合掌されることは、自分に対してではなく、お大師様の御心に合掌されることだという。

４　車の「お接待」

車による「お接待」は、接待者にしてみると、これから行く目的地と同じ方向に遍路者を乗せるのであれば、ほとんど手間も費用もかからないお手軽な「お接待」である。疲れ切った遍路者を見つけると、同情心からあるいはごく自然に「お接待」しようという気持ちから声をかけたりする。それに対して、歩いている遍路者は、それぞれ自分の思いを持っており、その時の対応はさまざまである。

①　素直に進言を受ける

歩き遍路をしていると、車に乗った人が好意で「車に乗りませんか」と進言してくることがある。一日歩きづめで疲れている時や足の痛みで悩みながら歩いている時には、この申し出は渡りに船である。

（引用（1）二・二九）

五十年輩の男性が、どこへゆくのかと言う。鶴林寺の下の民宿までと言うと、その近くまで行くので「お乗りなさい」と言うのである。内心は飛びあがるほど嬉しかったが、「お仕事のお邪魔をしては」とか言ってみたが、ありがたそうな顔が本心をあらわしていたと思う。再び「乗って行きなさい」と言われた時はただ頭をさげて助手席の人となった。

（君塚みきお　二〇〇一年『四国八十八カ所ブラブラ旅　七十二歳からの巡礼紀行』インパクト出版会 三四頁）

「お乗りなさい」と言われて内心飛びあがるほどうれしかったので、再度言われた時は素直に車に乗り込んでいる。同じ方向に行くのであれば、車に一人乗せてもあまり変わらず遍路者も助かるので、時宜を得た「お接待」になる。

② 全行程を歩こうと決めている

しかしながら、この人のようではなく、歩き遍路で全行程を歩こうと決めている人にとっては、その申し出に従うと自分の決めたことを破ることになる。逆に、せっかくの車の「お接待」を断ると、申し出た人の好意を無にすることになり、ジレンマに陥ることになる。この時の選択は、さまざまである。

（引用（1）二・三〇）

「大日寺まで乗りませんか」と声をかけてくれた。夫婦で遍路をしている様子である。乗せてもらえば楽だし、早く着くので時間も節約できる。だが、それでは「歩く行」にはならない。せっかくのお接待を断るのは失礼なようにも思えるが、こればかりは仕方がないだろう。「ありがとうございます。歩き遍路をしておりますので…」と礼を言って断る。

（喜久本朝正　一九九四年『四国歩き遍路の記―法服を白衣に替えて』新風書房　二八頁）

歩き遍路を「歩く行」としてそれを実行しようとしているこの人にとっては、そのことが優先され、断るのは仕方がないだろうと礼を言って断っている。

（引用（1）二・三一）

後ろから来た車が横へ来て急停車した。何事かと身構えたら、ウィンドウがすこし開いて若い女性が見えた。「どうぞ乗ってください。十八番までお送りします」「ありがとうございます。ずっと歩いていますので、お気持ちだけで」「そうですか、大丈夫ですか。どうぞお気をつけてお詣りください」全身雨に濡れた私を車に乗せようなんて、ご好意に胸が熱くなった。若い女性からの思いがけない「車お接待」の申し出に気持ちが明るくなった。途端に元気がでてきた。

（原田伸夫　一九九九年『還暦のにわかおへんろ―三五日・一二〇〇キロを歩いて私が見つけたもの』新風書房　二六頁）

雨の中歩いている人をそのまま通り過ぎるのは薄情だと思ったのであろうか言葉をかけたのだが、遍路者は「ありがとうございます。ずっと歩いていますので、お気持ちだけで」と丁寧に断っている。車接待の言葉をかけられることによって、その好意に胸が熱くなり元気が出てきたと書いており、誘いの言葉だけで「お接待」の役を果たしていると言える。断られた方も、大丈夫ですかと安心したようで、双方とも相手を気遣う会話のあったことで落ち着いている。このように、車の「お接待」は成立しなかったが、相互に了解し合って過ぎ去る場合がある。

③　車に乗せてもらった場合

次は、全行程を歩き通すつもりでいたのに、車に乗ってしまった場合である。

（引用（1）二・三二）

（宿でいっしょになったB氏は）潰れた肉刺が痛むので、道端に座り込んで手当てをしていたところ、通り掛かった軽トラックの男性から、「室戸まで行くので乗って行きなさい」と、しきりに勧められて。断り切れずに、乗って来てしまったという。「全行程を歩き通すつもりで、二三番まで頑張って来たのに」と、その落胆振りは、痛々しいほどである。

翌朝、食堂で同席したB氏は、「日和佐まで戻って、やり直してきます」気持ちの整理が付いたのか、晴れやかな顔付きでそう言った。

（中村三夫　二〇〇四年　『へんろ随想』　新風社　四一、三頁。）

全行程を歩き通すつもりで二三番札所まで来たのに、足のマメが傷むのを見かねた軽トラックの男性に勧められて車に乗ってしまい、後で後悔することになった。悩んだ末、戻ってやり直すことに決めたことで、晴れやかな顔つきになったという。

全行程を歩き通すことが、この人にとっては悲願のことでありそのまま続けるわけには行かなかったのであろう。遍路をどのようにするかは、人によって自由であり、このような行き方もありうるわけである。

次は、事情があって車の「お接待」を受け入れたくない場合である。

（引用（1）二・三三）

（交通事故で死亡した夫の供養のため、幼少の娘と息子三人の歩き・鉄道・バスによる区切り遍路）

雨の中娘が「服びしょびしょや」と泣き出した。…私たちの前に車が止まった。女性が「乗って下さい！」と運転席で叫んでいる。「有り難うございます。お気持ちだけ頂きます。」と、私はお断りした。…それでもその女性は引かない。…「お節介と思われてもいい。乗ってほしいんです。」

真剣な言葉と視線に、上辺だけの親切ではなく本気で私たちを助けたいというお心が、ジンジン伝わってきた。その実直さに打たれ、私の閉じていた心が開いて有り難く自動車のお接待を頂こうという気持ちに変わった。「よろしくお願いします」と。別れ際にコロッケを下さった。…夜になると、「風邪を引きませんでしたか」と宿に電話を下さって、私はここまで親身に思って下さる人に出会えた幸運に感謝した。

この出会いは車のお接待に対する私の概念がマイナスからプラスに傾くきっかけになり、大きな出会いの一つになった。

（安田あつ子　二〇〇八年　『お父さんと一緒に四国遍路』　文芸社　三七、八頁）

交通事故で死亡した夫の供養のため、幼少の娘と息子三人で雨の中歩いていたところ、車に乗ってくださいと声をかけられ、夫が車に関係して死亡したため車に乗ることには強い抵抗があり、「お気持ちだけ頂きます」と断ったのだが、誘った女性の熱意に打たれて車に乗せてもらうことにした。車の「お接待」を強く拒む理由があり、歩くことにこだわっていたわけではないのだが、自分たちのことを親身に思ってくれる人に出会えたことで、車の「お接待」に対する考えが変わったことを書いている。この場合、夫の交通事故による死亡という事情が車の「お接待」拒否を生んでおり、やや特殊なケースである。ここで車接待を実行した女性は、出会った親子の困った状態を何とか援助してあげたいという純粋な感情から発しているように見える。

④　車接待を悪用する場合

こうした好ましい場合ばかりでなく、車接待を悪用しようとする場合もある。遍路者を車に乗せた後、その乗車料金を強要する悪質な車接待の事例が、四国遍路巡拝記では散見される。

（引用（1）二・三四）

（納経所の男子職員が）「実は最近、お接待だと言って歩きのおへんろさんを車に乗せて、お金をせびる悪いヤツがいるという情報が入ってきたんです。仲良くなってからおへんろさんに金を貸してくれと言って姿を消す。額は数千円とかたいしたことないらしいんですけど、そのお金で四国をまわってるみたいなんですよ。」

「そう言えばユリエさんも今日、七〇歳ぐらいのスキンヘッドのじいさんから車のお接待受けたでしょう？じいさんからきいたよ」「ああ、しつこく声かけられたけど乗ってないよ。見るからにあやしかったから断った。まさかトモコさん、乗ってないよね？」（乗っていたが、お金は取られなかった。）

（森知子　二〇一一年『バツイチおへんろ』双葉社　二二三、六頁）

次も、悪意のある車接待の事例である。

（引用（1）二・三五）

二人で遍路していると、軽自動車のワンボックスカーが寄ってきて、太山寺まで遠いから乗らないかと声をかけてくれた。連れの遍路が運転席の方に行ったかと思うと、なにやら大声で話し合っていた。…何を話していたのかと聞くと、前回遍路に来た時に丁度この辺りで車に乗れと言うので乗せてもらったら、タクシー代を要求されて料金を支払ったと言った。その時の車によく似た車で、運転手を見たらあの時の運転手に間違いなかったので、前回のことを話したら黙って行ってしまったと言った。

（岡島庸晶　二〇〇七年『遍路体験記　遍路から得た知慧』一〇四頁）

悪質な車接待は稀であろうと見られるが、好意と悪意の判断はむずかしいであろう。ヒッチハイクでのトラブルと同様に、車接待側の悪質さだけでなく、乗車した者の責任も問われることになり、こうした問題も車の「お接待」には付随する。

⑤　車の「お接待」を受け入れるべき

歩き遍路の人が車の「お接待」を受け入れるべきかどうかについて、車で送ることはりっぱな「お接待」であるから断ってはいけないとする意見がある。次のような例がある。

（引用（1）二・三六）

歩き始めると、一台の乗用車が停車した。運転手が私の傍らに来て、「車でお接待します。どうぞお乗りください」という。「私は歩き遍路ですので車には乗りません」と返答した。彼いわく、「歩き遍路さんで独りよがりに陥る人がいるが、それは間違いだ。素直になるべきだ」そこで私は、出発前に聞いた第三十一番竹林寺住職・海老塚和秀さんのお話を思い出した。「お接待者に出家者は功徳を与えなければならない」との言葉が甦った。という訳で、ここは未踏歩の一〇㎞となった（後日、遍路姿で歩き直した）。

（岡本友男　二〇〇四年『ぐうたら親父の四国八十八カ所歩き遍路』　株式会社じほう　四二頁）

車接待を断ることは、独りよがりで素直になるべきだと言われ、また接待者に功徳を与えなければならないという言葉を想い出し、車接待を受け入れることにしたが、後日歩き直したことが記されている。また次のような意見もある。

（引用（1）二・三七）

接待を断るということは、接待者が功徳を積む機会を妨げることになるので、巡礼者は無心で接待を受け、納札を一枚手渡すことになっている。乗車の接待だけは断るなどと我欲を通す歩き遍路は少なくないが、それほど徒歩に拘泥するのならば東海道や登山道を歩いた方が同行や土地の人々の気を害さずにすむだろう。

（中山和久　二〇〇四年『巡礼・遍路がわかる事典』日本実業出版社　七二頁）

このように、車接待は断ると接待者の功徳を積む機会を奪うことになり、そのことと遍路者がすべての行程を歩き通したいという思いは対立する。右の記述は接待者側に立った厳しい意見で、徒歩に拘泥するなら他の道を歩くのがよかろうと言っている。

⑥　車接待の折衷案

これに対して、次の事例はそれを何とか折衷しようとしている。

（引用（1）二・三八）

しばらく行くと軽自動車が待っている。お年寄りが出てきて、「つぎの札所までは相当あります、車で案内しますが…」と、車のお接待を受けた。「私は歩きで頑張ろうと思っていますが…」、「車のなかで足を交互に踏んでいれば…」「でも…」とお断りした。しかし、道に迷いそうになると車を止めて待っている。そして方向を確認すると手を振ってくれた。それが数か所続いた。納め札を渡してお礼を言った。彼はこれまで案内した人たちの納め札の束を見せてくれ、「近頃、これが生きがいでね」と健康的に笑っていた。四か所で案内してくれた後、姿は見えなくなった。

（城石裕一　二〇〇六年『同行二人四国八十八ヵ所歩き遍路紀行』海鳥社　一八六頁）

歩いて全行程行こうとする者と、車の「お接待」を生き甲斐だという者との出会いである。接待者は、「車のなかで足を交互に踏んでいれば」と、歩くことと車の「お接待」との妥協案を述べているが、遍路者はそれに合意していない。断られても接待者は遍路者が歩くのを見守り、道に迷いそうになると車を止めて手を振って合図をしている。それに対して、遍路者は納め札を渡して報いている。双方に強い意志があり、車の「お接待」は成立していないが、道案内の「お接待」は成立し、両者ともに自らの思いを貫きつつ相手の思いも理解し気持ちよく別れている。

次も、車接待への対応例である。

（引用（１）二・三九）

農家のおばあさんに蜜柑を一つ、お接待にいただいた。しばらくゆくと、別のおばあさんがたくさんの蜜柑を用意していてお接待をしてくれるという。さっきの蜜柑もまだ食べていないので断ると、その人は本当にがっかりした表情を見せた。お接待を断るのは失礼なことだと思い知った。車のお接待も、本来、断って歩くほうが修行だと思うが、断ると失礼になる。そこで「五分間だけお願いします」という言葉になった。

（辰濃和男　二〇〇六年『歩き遍路』海竜社　二六四、五頁）

すべての行程を歩き通したいという願望と車接待との間で、短時間だけ車接待をいただくという折衷的な解決策を見いだしている。次のように述べる人もいる。

（引用（１）二・四〇）

「どんなときでも、お接待は絶対に断ってはダメだ。せっかくの厚意を無にするだけじゃないんだ。申し出てくれた人の功徳を奪うことになる。車接待だったら、とにかく車に乗るんだ。そして、歩いて元に戻れるぐらいの距離の所で降ろしてもらう。「ここの景色がいいから歩いてみたい」とか、理由は何でもいい」と。

（横山良一　二〇〇二年　『「お四国」さんの快楽　It's a Beautiful Day』　講談社　一二六頁）

申し出てくれた人の功徳を奪わないように車接待を受けるのだが、それでも歩き通せるように、元に戻れるぐらいの距離で降ろしてもらうことを提案している。こうすれば、双方の希望を通すことができるというわけである。

接待者の功徳を積む機会を妨げることになるというのが、車接待を断ってはいけないということの理由であるが、「お接待」の動機もさまざまであり、接待者が功徳を積もうとして「お接待」する場合もあれば、遍路者への利他的行為やボランティアとして行われる場合もあるだろう。

全行程歩き通すことを希望する遍路者と、功徳を積もうとして車接待を行おうとする者との間での解決策は、短時間だけ車接待をいただくのがよいようである。どうしても全行程歩き通すことにこだわるのであれば、車に乗せてもらった区間を戻って歩き直せばよいのである。

このように、一九九〇年頃から出てきた「歩き遍路」は、全行程を自分の足で歩くことにこだわり、何が何でも歩いて行くのだということに固執するところがある。歩いて四国遍路しようと思い立った際に、多くの人が自己へのルールとして決めることかもしれない。本書で参照している四国遍路巡拝記の六六％（一二六人）が、全行程を歩いていた。

車の「お接待」は、歩き遍路の人が望まない場合が多いということを接待者側が理解したのであろうか、最近では少なくなっている。筆者が二〇一五年から二〇一九年の間に区切りで二周巡拝した歩き遍路の経験では、幸か不幸か車の「お接待」の招きを一度も経験しなかった。

5 「お接待」を受ける側の認識の変化

これまで見てきたように、はじめて遍路する人が「お接待」を受けた時の衝撃は大きいものであるが、その後「お接待」を何度か経験すると次第に慣れてきて、「お接待」に対する認識も変わっていく。その変わっていく過程について見てみよう。

①　驚きと戸惑い

はじめて「お接待」を経験すると、日常生活とは異なる接待者の行動に驚きと戸惑いがあり、その対応はぎこちない。前述したように、遍路者にとっての「お接待」は、見知らぬ人から謙虚な言葉かけとさりげない動作によって金品等が提供され、それに対して見返りを求めない突然の行動である。

（引用（1）二・四二）

国道五五号線に出て歩道を行くと、前方から自転車に乗った郵便屋さんが私の前で自転車を止めて降りた。「お接待ですから、どうぞ」と言って、四つ折りした千円札を差し出された。通りすがりの、しかも郵便局の人にお金を戴くことになり、不思議な気持ちで手を合わせ、深く頭を下げて頂戴したが、なんとも言えない戸惑いに、ただ「ありがとうございます」とだけしか言えなかった。

（関根優、二〇〇五年『空海の道を行く』栄光出版社　五九頁）

ここでは、国道の歩道を歩いている時に、郵便配達の人から千円の「お接待」を受けている。普段の常識からは考えられないことで突然の出来事でもあり、四国遍路の「お接待」モードに頭を切り換えないと混乱してしまうであろう。「お接待ですから、どうぞ」と言っているので、何のことか理解できたが、不思議な気持ちで、手を合わせ頭を下げて「ありがとうございます」とだけしか言えなかったと書いている。

② 葛藤と重圧感

次に「お接待」をされる自分がそれを受けるに値するのかといった葛藤と重圧感がある。

（引用（1）二・四二）

散歩スタイルで歩いている六十歳前後の男性が近寄ってきて、千円札を出し、「ご苦労さんです。これはジュース代の足しにしてください。」千円もいただくとはびっくりしたが、押しいただいてお礼の言葉も終わらぬうちにさっさと行ってしまった。このような大金をどこの誰とも確かめないで与えていくその心は何を思ってのことか。またしても「お接待の心」を考えさせられた。軽い気持ちで歩いている自分としては、後ろめたいものがあるとともに、何か大きな責任のようなものが被さってきたように感じる。

（藤井玄吉　二〇〇〇年『玄さんの四国八十八ヶ所遍路日記』文芸社　一三〇頁）

お礼の言葉や返礼の納め札を全く期待せずに、ねぎらいの言葉だけかけてさっさと立ち去っており、遍路する人に喜捨することだけを考えて行動している。軽い気持ちで始めた遍路に対して、何の見返りも期待しないその行為の純粋さから、遍路者は「お接待」を受けた者として、後ろめたいものがあるとともに責任の重さを感じている。

（引用（1）二・四三）

お接待は有り難く受けなさいと言われる。しかしその人の心にどう応えるべきか迷ってしまう。我が身の浅はかさと比べた時、その一つ一つが重いものに感じられたが、人から受けたこのような施しにその都度心が洗われていくのではなかろうか。

（藤井玄吉　二〇〇〇年　『玄さんの四国八十八ヶ所遍路日記』、文芸社　一八〇、一頁）

これまで得てきた知識と常識から、人はその時の状況についてさまざまに解釈する。それほど確たる動機で始めたわけではない遍路に対して、思いのこもった「お接待」を受けると、遍路への重圧感を感じるが、「心が洗われていく」と書いている。

③　接待者の謙虚さや心遣いへの敬意

そして接待者の謙虚さや心遣いへの敬意がある。次のように書いている人がいる。

（引用（1）二・四四）

四十代と思われる女性が道の向こうから「お遍路さーん」と呼ぶ声。立ち止まると、車のとぎれるのを待って近付き、「ジュースでも買って下さい」と百二十円を下さる。「有り難うございます」と、ただ手を合わせて感謝である。私にとってお金や品物よりその心遣いが嬉しい。

（加藤健一　二〇〇五年　『清風平歩―四国遍路　別格寺を行く』　まつ出版　二七八頁）

「お接待」されたものは、百二十円のお金であるが、初対面の遍路者にわざわざ道の向こう側から来て、渡してくれるという心遣いにうれしさを表明している。

④　ふるまい方の自覚

「お接待」を何度か受けると、それに対して自分がどのようにふるまったらよいのか考えるようになる。

（引用（1）二・四五）

茶店があり、酒まんじゅうと書かれた小さな暖簾が竿先ではためいていた。…酒まんじゅうを一口食べれば昼食までおなかが持つだろう。…一個だけ売ってもらえますかと訊ねた後からしまったと思った。…酒まんじゅうを一個買いたかっただけなのに、こんな恰好をしてあんないい方をすると、どうしても「お接待して下さい」、そう取られてしまう。何か別のいい方はないだろうか。

（桂木正則　二〇一六年『山と海と風と潮』ＭＰミヤオパブリッシング　一九七、八頁）

最初は「お接待」に戸惑うばかりであったのが、何度か経験すると、相手が「お接待」してくれるかもしれないことを予測して、こちらの行為の仕方を考えるようになる。

右の事例では、「お接待」の経験を何度かして、また「お接待」を受けてしまうのは畏れ多いので、相手の好意を要求しないようにふるまおうと注意していたのだが、自分が遍路姿であることを忘れてしまったために、後からしまったと思った例である。そこには相手の厚意ばかりを受けるのは、心苦しいという気持ちがはたらいている。

（引用（1）二・四六）

東京の多忙な業務のなかで、自分が他人に正面切って真顔で祈られる光景を予想できる者はいるのだろうか。彼の、一瞥は私の心の壁を一瞬にして破壊した。宗教嫌いの壁を。そして懐疑の壁を。彼の前では私は否応なく「お大師さま」であった。しかも、私は自分の行為を予測していなかっただけではなく、その行為に後悔も困惑もしていないのだ。むしろ、今まで見しらぬ人のお接待に照れていた自分を恥じた。このことがあってから、私はお接待に対し、その瞬間だけは「お大師さま」のかわりであるかの如くに、心から手を合わせるようになった。それが、お接待の心を受けとめる最善の方法と知ったのだ。

（熊倉伸宏　二〇一〇年『あそび遍路　おとなの夏休み』講談社　一二〇頁）

遍路経験を重ねることによって、「お接待」し祈る人に対して、「お大師さま」のかわりであるかの如くに心から手を合わせることが、「お接待」の心を受け止める最善の方法だと知ったことを書いている。「お接待」する者は、固有名の自分に対してではなく遍路者をお大師様と見立てて「お接待」していることに気づき、自分がお大師様として役割行為することが「お接待」する者の期待に応えることだと思うようになっている。

⑤「お接待」への慣れと回顧

何度も「お接待」を受けることによって、「お接待」に慣れていく。そのことから接待者へのふるまいが横柄なものとなったり、「お接待」を要求するような気持ちになったりもする。

（引用（1）二・四七）

遍路も半ばを過ぎると、あれほど感謝感激して押し頂いた「お接待」も、わずかな金額には頭を軽く下げるだけになり、納め札を渡すのもおっくうになってしまうことだ。慣れほど怖いものはない。

（笠井信雄　二〇〇六年『お四国夢遍路　奥の院巡るが旅の真骨頂』光光編集　一六八頁）

遍路を始めた当初は「お接待」に感謝感激していたにもかかわらず、遍路も半ばを過ぎると、わずかな金額には頭を軽く下げるだけ、納め札を渡すのもおっくうになってしまうという感情のこもらない応対になってしまったことを書き、「お接待」慣れしてしまうことの怖さを吐露している。

(引用(1)二・四八)

恥ずかしい話だが、ここまで二十五日間の旅を通じて、私は四国の人々から数限りない接待を受けるうちに、いつしか歩き遍路は接待されるのが当たり前という感覚に陥り、それが高じてたとえば今朝ほどもそうだが、払うべき、しかも格安の宿泊費すらタダでもいいではないか、なぜタダにせぬ、といった「接待慣れ」の病魔に知らず知らず蝕まれていたのだ。

たとえば私が、この西田商店を選んだのは、もちろん道順に行き合う偶然にはちがいないが、その古ぼけた店構えを見た瞬間、ここなら全額とはいわずも、なにか一品の接待が待っていそうな確率を、あれこれめぐらすまでになっていたのである。すでに旅慣れてきた三週を越す遍路歩きのなかで、私は、他の遍路はどうあれ、人の施しのありそうな「場」を目ざとく見つける習性を、知らぬ間に身に着けていたのである。こちらの身ぶり話ぶり如何では、接待になるのではないかと、あらぬ期待に、何かとズル賢くなりかねないのが、この、実に奇特な接待の風習の落し穴だろう。歩き遍路にとって、地元の人々の接待ほどありがたいものはないのも事実だが、人格の変わる接待恐るべし、もまた真実である。

(加賀山耕一　二〇〇〇年『さあ、巡礼だ　転機としての四国八十八カ所』三五館　二二八、九頁)

都合のよい「お接待」を期待できそうなお店を素早く見つけて、そこへ行くという「接待慣れ」の病魔に蝕まれていることを書いている。多くの「お接待」を日々受け続けて、それが当たり前という感覚に陥り、地元の人の好意を素直に感じる感覚が麻痺してしまい、そのことを「人格の変わる接待恐るべし、もまた真実である」と、人間の醜い戒めるべき局面を指摘している。
　もちろん、すべての遍路者がこのような意識を持つようになるわけではない。次の文章は、遍路を終えて出版した本の「あとがき」の一部である。

（引用（1）二・四九）
　通りの向こうから、大きな声で呼び止めてくれて、道の間違いを教えてくれたガソリンスタンドの男性、小さなキャンディの包みを、はにかみながら渡してくれた可愛い女の子。「頑張って……」と、車の助手席から身を乗り出して、手を振ってくれた男の子。おばあさんが握らせてくれた菜の花の黄色い温もりや、おじいさんが気前良く持たせてくれた持ち切れないほどの蜜柑。そうした気持ちのこもったお接待を受けるたびに、涙がこぼれる程嬉しかった。そのたびに、自然に両の手を合わせて合掌している自分がいた。一期一会。こうした、多くの人々の優しい気持ちが、人の情けが、いつも、四国巡拝の旅を支えてくれていたのだと思う。そして、いつか、指折り数え切れないほど、四国への旅を重ねていた。「お四国さん」は、病み付きになるという。どうやら私も、その不治の病に取り付かれたようである。合掌
（中村三夫　二〇〇四年　『へんろ随想』　新風社　一五八、九頁）

　遍路をするごとに一期一会の素晴らしい出会いがあり、そのような体験に魅せられて何度も四国遍路に出かけるようになり、病み付きになった思いが綴られている。

（3）「お接待」する側の意識と行動

ここでは、「お接待」する側の意識と行動について考察する。そのために参照する四国遍路巡拝記は、当然のことながら遍路する側から書かれたものであるが、彼らが遍路途上で対面した人たちとのやりとりは、まさにその時の現場の対面的相互行為を表現したものであるので、「お接待」する側の意識や行動の詳細をそこからうかがうことができる。

1　お大師さんにあげる

白衣、金剛杖、菅笠で巡拝する遍路者に四国の人が「お接待」しようとした時、遍路者がそのような突然の贈与行為を常識から逸脱していると判断して断った際に、接待者が「お大師さんにあげるのだ」と言う場合がある。次はそのような事例である。

（引用（1）三・一）

二三番平等寺の手前で三人の遍路がばらばらに歩いていると、農家の主婦だろうか、一人ずつにお接待ですと千円をくれ、…目の前だけでも三千円というお金が見ず知らずの私ら遍路にわたり、何も形として残らない。私ならこんなことはまだできない。四国の人は偉い。後でも千円のお接待に出会い、お断りすると、「あなたに上げるのではない。お大師さんに上げるのです。」といわれた。菅笠、白衣の私とはお大師さんとして歩んでいるのである。

（仲川忠道　二〇〇七年『退職したらお遍路に行こう』星雲社　三六、七頁）

見ず知らずの人にお金の「お接待」をされたが、何も形として残らず、そのようなことは私ならできないと思い、それを実行している四国の人は偉いと書いている。その後、千円の「お接待」に出会い、お断りしたが、「あなたにあげるのではない、お大師さんに上げるのです」と、菅笠と白衣の自分をお大師様とみなされて「お接待」を受けたことを記している。

（引用（1）三・二）

近付いて来た七〇歳くらいの女性が「手を出して下さい」と言った。お接待で何か下さるのかなと思いつつ、私は右手を差し出した。彼女はその手の平に百円玉を三つ置く。「これは頂くわけには」反射的に私はそう言った。お接待を断ってはいけない、ということは私も知っていた。しかしそれは品物の場合であって、現金を受け取るという場面は考えていなかった。現金は受け取るべきではない、と思っていたからである。すると彼女は「あんたにじゃない。お大師さんに上げるんだから、そこらでうどんでも食べて」サッパリした口調でそう言った。周りには買い物に来た女性客が何人かいる。それとなく私達の遣り取りを聞いている。「有り難く頂戴致します」そう言って、右手の平を少し挙げ、会釈した。彼女はその場を離れて行った。

（狭間秀夫　二〇一六年『後期高齢者四国遍路を歩いてみれば』風詠社　一三九、四〇頁）

「あんたにじゃない。お大師さんに上げるんだから、そこらでうどんでも食べて」とは、あなた個人に対して「お接待」しているのではなく、お大師さんという「今も四国を巡拝している救世主」に対してしているのである。しかし、同時に実際に目の前にいる一人の男性に対して百円玉を三つ差し出しているのであり、生身の人間であることもわかっていて、「そこらでうどんでも食べて」と言っている。明らかに混乱した話であるが、当人は何ら違和感を感じていない。今前にいる「お遍路さん」を「お大師さん」と見立てて「お接待」するのは、現実的に無理があるにもかかわらず、本人が望む喜捨行為として実行されている。

（引用（1）三・三）

おじいちゃんが、ママチャリをこぎこぎ近づいてきた。そして、「あんた歩いてんのか？ちょっと待ち！お接待さして！」と言って、いきなり私の目の前に千円札を一枚差し出した。…「いいです、いいです」断ると、「あんたやないの。お大師さんにあげるんじゃ！」と一喝された。なるほどこの理論には深く納得して、まだお経は覚えていないので、納め札を一枚もらっていただき、何度もお礼を言った。

（三浦素子　二〇〇七年　『すべるおへんろさん』　新風社　一七頁）

歩いているお遍路さんを見つけて、千円札を渡そうとする。常識ではまず起こらないことなので、遍路者が、「いいです、いいです」と断ると、「あんたやないの。お大師さんにあげるんじゃ！」と一喝され、私への施しではなくお大師様への喜捨の行為であると納得して、受け取り納め札を渡している。おじいさんは今前にいる歩き遍路をする人を、修行するお大師さんと見立て「お接待」し、遍路者は「お大師さんにあげるんじゃ」と言われて、自分はお大師さんではないにもかかわらず、自分の中にいるお大師像を見ているという理屈に納得して、「お接待」を受け入れている。

藤沢真理子によれば、「お接待」の贈与を、「誰」に贈るのかという視点で考えた場合、一、純粋に人間に対するもの、二、神への供えもの、三、直接の贈与は人間に与えられているが実際は神への贈与という思いがある場合の三つが考えられるという（藤沢　一九九七：一三三）。四国遍路の場合、藤沢によれば「お接待するのは目の前の人間であるお遍路さんであるが、このお遍路さんは白装束で金剛杖を持ったならば、弘法大師と同行二人となり、また、このお遍路さんはお大師さんかもしれないと四国の人々は考え、彼を通して弘法大師にお接待している気持ちがあろう。」「したがって、四国八十八ヵ所では、直接モノを贈る相手は人間だが、実際には弘法大師と同行二人である遍路を弘法大師そのものとして見る」のだという（藤沢　一九九七：一三三）。

次も、遍路者をお大師様と見ている場合である。

（引用（1）三・四）

何処でしたかの三叉路で道標が半分土に埋まり、行く手に迷う所で、丁度来かかったお婆さんに道をたずねました。ていねいに教えてくれて百メートルほども送ってくれた上、貧しげなお財布から硬貨を選り出して、百円玉を一個、「お遍路さん、お接待」と差し出されました。

「おばあさん、こんなにていねいに道を教えてくださったのが、十分なお接待です。大切なお金、どうかしまってください」「ばばのお接待じゃ、取っておくれなさいや」「じゃあね、ほら、その赤いお金をくださいな」「お遍路さんよ、十円だらな、お賽銭に投げるやろ、わたしはお寺さんに上げるじゃない。お大師様にラムネでも飲んで欲しいんじゃ」

ああお婆さんは私をお大師様と言ってくださった。「お婆さん、あなたこそ、お大師さま、ありがとう、ありがとう」と、涙で合掌しあいました。

（手束妙絹　一九八八年『お大師さまへの道　人生は路上にあり』愛媛県文化振興財団　一七頁）

「わたしはお寺さんに上げるじゃない。お大師様にラムネでも飲んで欲しいんじゃ」と自分の前にいる遍路者をお大師様と見て、自分の身近な人にお金を捧げることを接待者が強く望んでいる。遍路者の方も、「あなたこそ、お大師さま、ありがとう」と敬愛の念を抱いている。お寺さんには普段からお賽銭を上げているが、今も四国を修行しているとされるお大師様の化身として遍路している人に「お接待」することが、おばあさんの望みであることを示している。

ここにある「お大師様にあげるのだ」という発想は、遍路者であるとともに、お大師様であるとの思いが強く抱かれている。門田によれば、彼が観察した巡礼者は、門田岳久が「浅い」経験と呼ぶところのものと通底しているようにみえる。門田によれば、彼が観察した巡礼者は、宗教を実践することで深い実存的な意味の探求に向かうわけではなく、また自己の存在を徹底して探求するわけでもない、ある意味健全な「浅さ」を示しているという（門田　二〇一三：三四三）。同様に、ここで行われている「お接待」においても、遍路者とお大師様が同行二人である存在の意味を深く省察するわけではなく、「お大師さんに上げるんだから、そこらでうどんでも食べて」（引用（1）三・二）、「お遍路さんよ、お大師様にラムネでも飲んで欲しいんじゃ」（引用（1）三・四）と、お大師信仰に則りつつ、今ある現実の状態をそのまま受け入れる健全な「浅さ」を示している。

2　「お接待」の楽しさと感謝の気持ち

「お接待」すること自体が楽しい、あるいは感謝の気持ちからであると述べている例がある。

（引用（1）三・五）

小屋の中には六十代の女性三名と四十代の女性が、ニラの出荷準備をしていた。「こんにちは」と挨拶をすると全員にこやかに挨拶してくれた。しばらくすると、おばあさんがポリ袋を下げて戻ってきて、ポカリスエットを一本取り出して、「ここで、飲んで下さい」と言う。遍路記にたびたび登場するおばあさんとお嫁さんと判明。ポカリを飲みながら皆と話をしていると、「お母さん、今日はお接待ができてよかったですネ」とお嫁さんがおばあさんに言っている。おばあさんは歩き遍路を接待するのが生甲斐らしく、本当にうれしそうな顔をしてお接待してくれる。

（木下和彦　二〇〇一年『ゆっくりのんびりお四国さん　退職後の生き方を探す旅』文芸社　七一―三頁）

四国遍路巡拝記にたびたび登場するおばあさんとお嫁さんから、飲み物の「お接待」を受けている。「お接待」がいつもいつもできるわけではないのだろう、おばあさんは「今日はお接待ができてよかったですネ」とお嫁さんに言われ、おばあさんは「お接待」ができたことに喜びを見いだしている。

（引用（1）三・六）

千円のお接待。「袋入りではなく、裸の千円札というのがスゴイ！」「お接待てっね、私たちにもうれしいことなの。善根は功徳になるし、お遍路さんが自分の代わりに参拝してくれているような気がするの。それに御先祖様の供養にもなるのよ。だからそんなに気にしないでください。私たちの方がお礼を言いたいくらい。どうもありがとう。」

（横山良一　二〇〇二年『「お四国さん」の快楽』講談社　一二一頁）

「お接待」することは、功徳になり、自分の代わりに参拝してくれ、先祖の供養にもなると、接待者にとってもうれしいことで、お礼を言いたいのだと話している。

（引用（1）三・七）

おばあさんがそばに立っているのに気づいた。彼女は「お遍路さん、お接待させて下さい。」と言って、私に硬貨を下さった。私はお礼を言った後よく見ると、五百円玉であった。「おばさん。これ百円ではなくて五百円ですよ。間違いではありませんか。」「いいえ間違いではないのですよ。私は七四歳になりますが、ここ二〇年いいことばかりでした。感謝の気持ちを表したいのですよ。しかし最近は「歩き遍路」に会えなかったので今日はとてもうれしいのですよ。実はいつもの道を自転車で走っていると今日はこちらの道に進めと指令があったのです。その通り進んで来たら「お遍路さん」に会えたんですよ。」

（高見貞徳　一九九九年『四国霊場巡り歩き遍路の世界』文芸社　一五頁）

ここ二〇年いいことばかりであったので、最近は会えなかった歩き遍路にやっと会えたので、感謝の気持ちを表したく、「お接待」したのだという。慣習化した儀礼的習俗としての「お接待」行為を歩き遍路に対して行うことが、このおばあさんにとって自分の気持ちを示す重要な表現手段となっている。このように「お接待」をするということが自己充足的行為となって、生活の中での活力となっている場合がある。

（引用（1）三・八）

松山市の五〇番繁多寺では、市内の数名の主婦グループが定期的に接待を行っている。その代表者の女性（昭和二十五年生まれ）に話を聞いた。

「接待は楽しいです。私たちが出したお茶を飲んでいただけたらそれだけでうれしいし、さらに、お遍路さんに『お接待、ありがとうございました。』と言われると、こちらが『ありがとうございます。』という気持ちになります。してあげた、という考えは全然ないですね、楽しいことを見つけたという気持ちです。他の人が英会話に行ったりダンスしたりして楽しむのと同様に、私たちは接待をするのが楽しいことなのです。

繁多寺の坂を上って来るお遍路さんの団体バスの音を聞き、大勢お参りの方が来られる姿を見ると、もうそれだけでうれしくなります。忙しく接待した後に、みんなで『きょうは幸せだったね。良かったね。』と言い合っています。」

（愛媛県生涯学習センター　二〇〇三年『遍路のこころ』平成14年度遍路文化の学術整理報告書　三六、七頁）

これは定期的に数名の主婦で「お接待」を行っている場合である。「お接待」という他者への贈与行為を行うことで、それに対する他者のお礼の言葉があり、喜んでもらえていることを理解し、そのことを素直に喜ぶ気持ちがここでは表現されている。

今対面している人が困っていて支援を求めているわけではないが、贈与行為をすることで喜んでもらえるということは、こちらの好意的心情が伝わり、人との親密な交流ができたということで、満足感や充実感が生じてくるのである。

このように、「お接待」という慣習的に継承されてきた儀礼的習俗があることによって、遍路者との対面的相互行為が可能となり、贈与する側される側双方の充足感を創り出している。

3　私の代わりにお参りしてください

足が悪いなど遍路に行けないので、私の代わりにお参りしてくださいと、「お接待」する場合もよくあることである。

（引用（1）三・九）

意識をしていたわけではないのですが、約三〇〇mぐらいのところに電動車椅子に乗ったおばあさんが、動かないで私の来るのを待っています。どうしたのかなあ・・？　車の調子でも悪いのか？そんなことを思いながら通り過ぎようとした時、お遍路さんお遍路さん、これを持って行きなさいが！！といって五百円硬貨を差し出すではありませんか。おばあさん曰く、私は、足が悪くお参りが叶いません。私の代りと思い受けとって下さい。そしてお参りを続けて下さい。ということなので、ためらいながらも遠慮なく頂くことにしました。このようなハプニングも歩き遍路をしていると存在するのですね。

（五十崎洋一　二〇〇八年『団塊親父四国を歩く』第一印刷株式会社　九一頁）

足が悪くお参りできないので、私の代わりと思って受け取ってくださいと五百円の「お接待」を受けている。このように代理参詣の気持ちを込めて、「お接待」する場合がある。

（引用（1）三・一〇）

おばあちゃんが近くに来て、「私の分もお参りしてください」と言って二千円も渡される。「こんなに受け取れません」というと、「いいから、いいから」と言って立ち去ろうとするので、急いで納め札をお渡しした。

（乙加睦雄　二〇〇四年『四国ルート八八』東京図書出版会　一五二頁）

「私の分もお参りしてください」と代理参詣を依頼して二千円渡している。納め札をもらおうとせず立ち去ろうとしたので、あわてて納め札を渡している。このおばあさんにとって、納め札をもらうことには関心がないのだろう。

（引用（1）三・一一）

途中小さな橋を渡った所で休んでいると、後ろから老女に呼び止められる。随分手前から大きな声で呼んでいたとのこと。聞くと、年老いた夫と二人暮らしだが、夫が膵臓の病で寝たきりで、遍路に出たいがそれも叶わないとのこと。遍路の気持ちを我々に託したいと、五百円のお接待を受ける。ご主人の名前とお年（七十五才）を尋ね、代わりに次の国分寺でのお参りを約束する。老女の目から涙が溢れ、思わず我々も目頭が熱くなるのを覚えた。そして我々がこうして元気にお遍路が出来ることに、改めて幸せを感じた。

（金澤良彦　二〇〇四年　『夫婦で行くすばらしき歩き遍路』　ユニプラン　七六、七頁）

遍路に出たいが、夫が寝たきりで行けず、遍路の気持ちを我々に託したいと五百円の「お接待」を受けている。遍路者は、次の札所国分寺で彼らのためお参りをすることを約束している。「お接待」を介して、遍路への感情交流が行われている。

（引用（1）三・一二）

遍路用品店のお兄さんが、タオルハンカチを下さった。「僕の分もお大師様にお参り下さい」という。お接待を頂くということは、こうしてお大師様へのお布施をお預かりする意味でもあり、お接待を下さった方の思いも抱いて巡拝するのが、一番の恩返しなのだと気付かされた。

（安田あつ子　二〇〇八年　『お父さんと一緒に四国遍路』　文芸社　一三八頁）

ここでは「お接待」をいただくのは、お大師様へのお布施を預かる意味があるととらえている。

4 「お接待」は修行

遍路を修行だとする人は多いが、「お接待」を修行だと考える人がいる。

（引用（1）三・一三）

高知県内で石材店を経営している首藤清覲さんは、遍路のためのお接待所を建てた。そして、泊まった遍路のための食事をみずから作っている。僕も、歩き遍路の途中、休憩させていただきお話を伺ったことがある。ここで泊まらせていただいたり、休憩したりした遍路たちが感謝の気持ちでいっぱいになるのは当然だ。しかし首藤さんは思いを語る。「この接待所はお遍路さんのために建てたのではない。お遍路さんにお接待するということを自分の修行として実行している。つまりお接待させていただいている。だから感謝するのは自分のほうだ」。

（串間洋　二〇〇三年『お経を唱えたことのない人も四国遍路のはじめ方』明日香出版　一八五頁）

遍路者に「お接待」するのは、自分の修行として実行しているのだと語っている。これまでにない発想で、遍路者のことを考えてではなく、つまり遍路者への喜捨の気持ちやお大師様と見立ててやっているのではなく、あくまで自分の修行としてやっているのだという。そして、自分の修行を成り立たせてもらっているのだから、感謝するのは自分の方だという。

（4）「お接待」と儀礼

四国遍路の「お接待」がなぜ現代社会において成立するのかを明らかにするために、ここでは儀礼（ritual）の概念に注目して考えてみたい。儀礼は、文化人類学や社会学の研究領域において、重要な概念として議論されてきた。それとともに日常用語としても使われ、「社会的慣習として、形式を整えて行う礼儀。礼式。」（『広辞苑　第七版』）といった意味で使用されている。社会的慣習となった一連の行為が、長期に継承されて行われてきたのが儀礼であり、そのために日常生活の常識や規範とは異なるにもかかわらず違和感なく行なわれており、「お接待」のどこにそのような儀礼的要素が潜んでいるのかを探りたい。

1　儀礼について

四国遍路の「お接待」は儀礼であるのか、その一部となるものなのか、あるいは全く儀礼とみなすことはできないのか、これまで儀礼について論じられたものを参考にして考察する。そのために、改めて儀礼とは何か、どうとらえればよいのか考えてみる必要がある。

儀礼は単なる形式的な行為ではなく、共同体の重要な祭祀行事やライフコースにおける人生節目の通過儀礼など、特定の機能や意味を含ませて人々が社会的慣習として行うコミュニケーション過程であり、それらを読み解くためにさまざまな解釈の試みがなされ、儀礼に関するアプローチは多様なものとなっている。

現在みられる儀礼へのアプローチについて、青木保は、以下のものをあげている(青木　一九八八:i)。一、宗教—神話—超越的現象の表現メカニズムとしての「宗教・神話的研究」、二、社会—文化過程の象徴メカニズムとしての「象徴・構造論的研究」、三、社会関係の統合メカニズムとしての「構造・機能論的研究」、四、伝統—文化の記憶の装置としての「文化・解釈論的研究」、五、政治・権力・支配の正当性表現のメカニズムとしての「象徴・機能論的研究」、六、社会的相互作用としての「コミュニケーション論的研究」、七、文化—社会の論理やメタファーなどの形式表現としての「記号論的研究」。青木は他にもありうるとしているが、幅広く列挙しておりこれらの複合的なものも含めて、儀礼論の包括的な類型とみなせるだろう。

それらについて「お接待」と関連させて若干言及していくと、第一の宗教・神話的研究は、もっともオーソドックスなアプローチである。これにかかわる儀礼の定義として、「超自然的世界に関する観念的把握を、一定の伝統的行為様式を持って外的に表現したもので、超自然的順応を実現する手段の一つ」(濱嶋朗他編『社会学小辞典』二〇〇五:一二七)があり、そこには超自然的神秘的要素が含まれている。儀礼研究の多くは、古くから伝統的に行われている供犠や祝祭行事を対象としているので、宗教教義や神話的物語を含んでおり、超自然的神秘的要素が含まれることとなる。「お接待」についても、弘法大師信仰が深く関わっているので、それにまつわる超自然的神秘的物語を含む場合もあるだろう。しかし、全くそういう要素を含まないケースもあるので、超自然的神秘的要素を「お接待」に必然的なものととらえることはできないだろう。

第二の儀礼を象徴メカニズムとしてとらえる構造論的研究、第三の儀礼を統合メカニズムとしてとらえる機能論的研究、第五の儀礼を権力の正当性メカニズムとしてとらえる機能論的研究は、その解釈手法は異なるものの、構造や機能といったその社会全体に作用するメカニズムとして儀礼をとらえようとするものである。その際の多くの研究事例は、未開部族の間で行われる供犠や祝祭行事であり、ここで考察対象とする「お接待」とは相当異なるものである。「お接待」は一定の伝統的行為様式を持つものの、極めて短時間で完結し行為様式の規定がゆるやかなものである。(後述の（引用（1）四・一）がそのような事例である。)

ここでは四国遍路巡拝記の「お接待」事例を対象とするので、上述の七つのアプローチのうち、コミュニケーション論的研究が最も有効であると考えられ、次いで文化・解釈論的研究が参考になるだろう。記号論的研究はここではなじまないだろう。

コミュニケーション論的研究の先駆者的存在であるゴッフマンは、『儀礼としての相互行為　対面行動の社会学』において、日常生活の相互行為の場における儀礼的要素を抽出しつつ、人と人との対面的状況における行為のパターンを分析する際の概念として儀礼を用いた。彼によれば、儀礼的ルール（celemonial rule）とは「それ自体としてはつけ足し的にしか重要でないとかまったく重要ではないと感じられる事柄において行為を導くルールである」（ゴッフマン　邦訳二〇〇二：五四）。つまり、ゴッフマンの儀礼は、行為の目的よりも他者との関係から個人のプライドや面子を重視して行われる行為の表現にかかわっている。ゴッフマン自身、その後すぐに「儀礼という概念をわたしのように用いるのは普通の用法とは異なっている」と述べ、儀礼の概念を中心に据えて行う相互行為の研究、すなわち「個人とその心理を研究するのではなく、個々人相互間に生じるいろいろな行為を研究すること」（ゴッフマン　邦訳二〇〇二：三）が目的であると述べている。

「お接待」はその目的として、遍路する人をねぎらうことを第一にあげることができようが、日常行為とは異なるがゆえに、それが成立するかどうかというところに、ゴッフマンが着目した対面的相互行為の微妙な関係性がかかわっている。しかしそれは、ゴッフマンが論ずる個人のプライドや面子といった人間関係における良好な関係性を維持するための問題も含まれてはいるが、それよりも「お接待」する側の贈与という非日常的行為が接待者によって行われ、それが遍路者に受容されて対面的相互行為として成立し共感し合えるかどうかという問題に関わっている。次はそのような事例である。

（引用（1）四・一）

国道一一号線は四国瀬戸内の幹線道路、疾走するトラックに煽られながら歩く。国道に面した住宅の門前に立っていた中年の男性が、いきなり五百円玉を手のひらに握らせ「接待させてください」とひとこと言い、住宅に戻っていった。遠くを歩いていた自分を待っていたようだ。言葉少ないが心からの接待が伝わってきた。

（北野雅人　二〇〇二年『四国歩き日記　贅沢だね歩きとは』文芸社　一〇三頁）

歩いて遍路をする人が、家の門前に立っていた中年男性よりいきなり五百円玉を差し出されて「お接待させてください」と言った後、自分の家に戻っていったというもので、ゴッフマンがテーマにしたプライドや面子の問題として考えるならば、見ず知らずの人からお金をもらっているのであるから、貧困者への施しと思うのが常識であるので、遍路者は断るのが普通であろう。しかし、この遍路者は「言葉少ないが心からの接待が伝わってきた」と書いており、「お接待」として成立していることがうかがえる。「接待させてくださぃ」と言って、その時交わされた視線や顔の表情からなるほんのわずかの対面的相互行為がお互いの気持ちを通わせて、「お接待」の成立をうまく導いたのであろう。

四国遍路の「お接待」のような、現代人の日常生活の常識とは異なる現象を考える場合には、儀礼の本来的特徴とされるものと、「お接待」という対面的相互行為にこめられた特徴とが融合する現象であることに注意する必要があるだろう。

2 「お接待」の成立条件

ここで「お接待」の成立条件について考えてみると、まず「お接待」を受ける人が遍路者であることが重要である。遍路者とは、自分が札所を巡っていると自覚している人であって、信仰心がなくても、あるいは各札所で記帳される墨書朱印を集めるスタンプラリーのように巡っている場合でも、自分が札所を巡っているという意識があれば遍路者に当てはまる。逆に、強い宗教心を持って札所寺院にお参りするが、自分は遍路しているのではないと思っている人は遍路者ではない。札所にいる人に「お接待」ですと金品を差し出しても、「私はお遍路さんではありません」と断られることがあり、本人が自分を遍路者だと自覚していることが重要である。

遍路者が「お接待」を受けるには、「お接待」をしようとしている人が、今自分の前にいる人は遍路をしている人だと判断できることが必要である。その条件は二つあり、第一はそこが札所周辺あるいは遍路道であること、第二は遍路者が遍路する姿で巡拝行為をしていることである。

第一の札所周辺あるいは遍路道であるという場面の規定について、船曳建夫によると「儀礼であったり、パフォーマンスであったりするためには、それらの行為が意味を持つ「場面」というものが本質的に必要であり、場面が成立している場合は、そこでの行為は場面の整合性が崩れない限りは、すべて「儀礼」であり「パフォーマンス」なのである」（船曳　一九九七：一五二）。また、「儀礼とパフォーマンスをその行為の内容によって規定しようとするとそれが不可能なのは、それらの行為が、実は、内容的に日常的な行為と違いがないからである」（船曳　一九九七：一五四）と指摘しており、「ある場面を人々が共通認識することによって、その場面に現れるものを儀礼と言いパフォーマンスという」（船曳　一九九七：一六九）のだという。「お接待」であると遍路者と接待者双方が共通認識するためには、札所周辺あるいは遍路道という場面が重要なのであり、そのことによって儀礼としての「お接待」が成立するのである。

第二の遍路者が遍路する姿をしているのが必要だというのは、接待者が「お接待」をするためにはその対象となる人がいなければならないが、今遍路をしている人とそうでない人とを区別するのは、遍路者の装束と持ち物によって判断するということである。

遍路をするにあたって、遍路者の装束と持ち物は全く自由であるが、現在一般的とされるのは、白衣、金剛杖、菅笠、頭陀袋、輪袈裟、脚絆、納め札入れ、納経帳、数珠などであり、これらのいくつかを着用または所持していれば、遍路者だと判断できる。これらを全く身につけずに遍路する人もおり、その場合には、数珠を持って本堂や大師堂で読経していても毎日その寺のみにお参りする人もいるので区別はつかず、接待者はその人に遍路者であるかどうか尋ねるか、あるいは「お接待」は控えられるであろう。

3 日常生活と儀礼

日常生活と儀礼との関係について、清水昭俊によると、「家族と市民社会とのあいだの行き来から成り立つ、「仕事」を中心とした「通常」の生活を「日常的」社会生活と称するならば、儀礼、儀式に参加するためには、人は時間、空間、生活財、社会関係、そして心理と生活に関わるあらゆる次元の要素を転換しなければならない。非日常の生活として、儀式は儀礼とともに日常生活に対し特別の地位を占めているわけである」(清水　一九八四：一二六)。現代、日本人にとってこのことを示す最も身近な儀式は、葬式である。葬式への参列は、服装やアクセサリー、発話様式、身体の動かし方、感情表現、その場面での立ち位置など、日常とは異なるさまざまな点について考慮し、そこでの儀礼ないし儀式にあうよう認識を転換しなければならない。同様に、「お接待」もそれに見合う意識の切り替えや振る舞いをしなければならない。「お接待」は短時間に終了し匿名的に誰でもできるがゆえに、突然「お接待」の申し出があった時、それを受ける遍路者は、四国遍路の「お接待」がどのようなものか知らないために断ったりするというような、慣習に反する行為も起こりうるが、突発的であるがゆえに上手に対応できないことが多く、ゴッフマンが論じるような面子が損なわれたりすることがある。次の事例がそのような様子を示している。

（引用（1）四・二）

迷った末に、買い物帰りらしいお年寄りが通りかかったので、これ幸いと尋ねる。親切に教えていただいた上に、「暑いのにご苦労様ですね。お接待させて下さい」と言って三百円を差し出された。ドキッとする。少し身を引いてしまった。

これが「お接待」である。四国では昔からお遍路に対して食事や茶菓を勧めたり、金品を提供したりする習わしがあると、話には聞いていた。接待は断ってはいけないといわれている。しかし、その場に直面してみると戸惑う。これまで、見ず知らずの人から突然何かをいただいた経験がない。恐る恐る手を差し出す。お礼の言葉を口の中でモグモグと誤魔化した。本来なら納札を渡し、「有難うございました。貴女と貴女のご家族が末永くご健勝であられることをお祈り申し上げます」程度のましな挨拶をしたかったのにと、別れた後で悔やむ。

（金子正彦　二〇〇四年『四国お遍路旅物語　風とともにひたすらに』文芸社　六四頁）

葬式や祭祀行事と異なり、「お接待」には日時や誰が演ずるかなど予想しうる行程がつかめないので、遍路者には突然やってくることになる。遍路者が「お接待」についての認識がなければ断っていたかもしれず、

（引用（1）四・二）では話には聞いていたので何とか「お接待」は成立したが、日常の常識からかけ離れた振る舞いに対して十分に対応できず、後悔が残ることとなった。

「お接待」は面識のない者の間で行われ、その後また会うことを期待していないのがほとんどであるので、その意味で非日常的であり、まさに旅の恥はかきすてとばかりに個人の面子やプライドは問題視されないのが通例である。

儀礼の成り立ちについて、清水によると、「宗教的・イベント的世界と社会的世界とは、一方から見て他方は「虚構」であるような対称的な位置関係にあり、一方から他方に移行するためには、儀礼ないし儀式という現実構成の形式を必要としているのである」（清水　一九八四：一四二）。遍路道という場面において遍路の装束をしている人がいるという条件によって、接待者は社会的世界から宗教的・イベント的世界へと移行する儀礼として「お接待」を行い、同時に遍路者は「お接待」についてのこれまでの認識から、その時自分が関わっている状況に対して、意識を転換させ日常生活とは異なる接待者の行為を受容することによって、「お接待」が成立することとなる。

清水によると、儀礼は「形式性という、日常生活以上の型にはまった行動規制が課せられる一方で、日常生活を狭苦しく制限している型づけを解除するという、社会的制約の両極端を体験させ」、そして「儀礼期間中の社会関係の解体は、道徳的規範の解除にまで至ることがある。」と述べている（清水　一九八四：一二一）。このことについて「お接待」では、型にはまった行動規制は非常にゆるやかなものだと言ってよい。この点から見ると、「お接待」は儀礼ではないとみることもできよう。けれども、「お接待」は、日常生活を制限している常識的規範を解除するといってよい行為、すなわち相互に面識がなく利害のない人に金品を与え見返りは求めない行為を行うのである。

ただし、見返りを求めないということについては、若干の注釈が必要である。慣習的に遍路者は、「お接待」

の返礼として納め札を接待者に渡すことになっており、その後接待者は納め札を俵にまとめて玄関に吊し、それが魔よけや盗難よけになると信じられ、前田によればそこにギブアンドテイクの関係があるという（前田　一九七〇：二二三）。最近はそのようなことは行われないが、「お接待」をすることで、お大師様より功徳を得る、すなわち「善行の結果として生じる良い報い。ごりやく。」（『広辞苑　第七版』）が得られると考える人がいる。つまり、そのような見返りがあるのだと考える。また、「お接待」は「行けない私の分まで宜しくお参りください」という代参の意味でもあったり、あるいは、それとは全く別に、純粋に喜捨行為として行われる場合がある。一つ事例を挙げておこう。

（引用（1）四・三）

後ろから「おへんろさん、おへんろさん」と呼ばれた。振り返ると、若い女性が走って来て私の前に立ち止まり、はだかの百円硬貨を二枚差し出す。「お接待させて下さい、これでお線香をあげて下さい。気を付けて頑張って下さい」合掌してお礼を言うと、再度、「気を付けて頑張って下さい」と優しい言葉を残して行った。年の頃は二十才前後の大学生。大きなボストンバックを持っていたので運動部に所属している学生のようである。

（庭野隆雄　二〇〇一年『四国遍路』自分流文庫　二一八頁）

運動クラブの所属らしき女子大生が走ってきて、「お接待させてください」と百円硬貨二枚を差し出しすぐ去って行くという、ごく短時間の「お接待」事例である。接待者は多くの場合、年配者が多いけれども、ここでは若い人である。遍路沿道で遍路者を見つけたのであろう、急に思い立ち手持ちの硬貨を「お接待」として差し出し、短い言葉の後立ち去っており、全く見返りを求める様子はない。合掌していることから遍路者を偶像的な存在と見ているが、同時に生身の人間を気づかう「気をつけて頑張ってください」と言っているので、現実的な存在としての心配りもしている。おそらく遍路者に出会った時、記憶にあった「お接待」のイメージがひらめき、とっさに「お接待」をしようという感情が芽生えたのであろう。

「お接待」は、短時間で終了し日時や人間関係を規定する作法もないことから、日常生活に対し特別の地位を占める非日常の儀礼とはみなしにくいにもかかわらず、また「お接待」にもさまざまなヴァリエーションがあり、「お接待」自体が曖昧なものになりやすいにもかかわらず、接待者と遍路者双方に日常生活から儀礼的習俗の行為へと意識の転換を行う現象なのである。それは、前述の「お接待」の成立条件、すなわち札所周辺あるいは遍路道で、遍路の姿をしている人に出会うことによって可能となる。

4 「お接待」におけるリミナリティ状態

次に「お接待」が成立する状態を儀礼の視点から考えてみる。まず「お接待」が通過儀礼であるかどうかということがある。ファン・ヘネップはある状態から別の状態へ、ないしはある世界（宇宙的あるいは社会的な）から他の世界への移動に際して行われる儀式上の連続を通過儀礼とし、ある個人の一生は、誕生、社会的成熟、結婚、父親になること、あるいは階級の上昇、職業上の専門家および死というような一連の階梯からなり、これらの区切りの一つ一つに儀式が存在し、その目的は特定のステータスから別の特定のステータスへと通過させることであるという（ファン・ヘネップ　一九〇九、邦訳二〇一二：一四）。

「お接待」と通過儀礼との関係について考えてみると、今日の日本社会においては、ライフコースの一連の階梯の中に、「お接待」を位置づけることはできないだろう。「お接待」が地域で年中行事化しているとしても、ライフコースにおける通過儀礼の一つとして作用してはいないだろう。

ただし、江戸から昭和の初期までは、前田によると、四国遍路することによってはじめてその社会の成員として認められるという、巡礼を成人式とみなした地域があり、また嫁入り前に遍路を経験しなくてはならないという習慣があった地域について述べており（前田　一九七〇：一七八―八四）、その当時の地域ではライフコースにおける通過儀礼の一つとなっていた。

ファン・ヘネップはさらに通過儀礼の下位分類として、分離儀礼、過渡儀礼、及び統合儀礼の三つをあげている。分離儀礼は葬式、過渡儀礼は妊娠期間や婚約期間の儀礼、統合儀礼は結婚式によくみられるという。そして、通過儀礼の図式には、境界前（分離）、境界上（過渡）、境界後（統合）を含んでいるが、実際にはこの三つが同等の重要性を持ち、同じ程度に発達しているということはないという（ファン・ヘネップ　一九〇九、邦訳　二〇一二：二二、三）。

ヴィクター・ターナーは、ファン・ヘネップによる通過儀礼の第二段階である過渡儀礼を「境界の段階」と呼び、その段階のものは、「それ以前の状態あるいはその後に来たるべき状態の特徴をわずかしか、ないしは、全然もたない、文化領域を通過する」（ターナー　一九六九、邦訳一九七六：一二五、六）という。この「リミナリティ（liminarity）」の状態にある人の属性は曖昧なものとなる、つまり、日常生活の規範や常識から解放されることで普段の社会的アイデンティティを一時的に失い、どこにも属さない状態に置かれるという。

星野英紀によれば、「遍路者はひとたび巡拝者になると、一時、日常的世俗的世界の存在から脱却し、異質な非日常的聖的世界に近接するとともに、その世界の一員となる」（星野　二〇〇一：三四三）という。このことは、「お接待」の場合に最もよく当てはまるであろう。

「お接待」は通過儀礼の「境界の段階」が相当する事態であり、その時には日常的な社会関係や一般的価値観を反映させないリミナリティの状態となり、「お接待」する側もされる側も、地位、財産、性別や年齢を超えた平等な関係性のもとで行われるのである。「お接待」で贈与される金品も、時には高額の場合もあるがその時は特別の関係や理由があった場合で、多くは接待者にとって負担とならない金額や品物であり、遍路者にしてみても、たいていの場合困窮している状態ではないので、贈与されても金品そのものにありがたみはないが、「お接待」しようとする行為そのものに気持ちが動かされるのである。次はそのような事例である。

(引用(1)四・四)

わずか数分後、今度は腰の曲がった小柄な皺だらけのおばあさんが、足を引き引き挨拶しにやって来た。齢九十に手が届くところだろうか。…「がんばって」とだけ言うと、十円硬貨を押しつけてよたよたと立ち去った。おそらくこれまでずっと、お遍路さんに接待を渡してきたのだろう。十円硬貨そのものよりも、その心のこもった仕草にわたしは心が温かくなった。

(クレイグ・マクラクラン　二〇〇〇年『四国八十八か所ガイジン夏遍路』小学館　一五九頁)

「お接待」の際には、社会的地位や老若など全く関係のないリミナリティの状態となり、既存の社会秩序では起こらないような共感性と連帯の感情が共有されることとなる。

5 「お接待」におけるお大師信仰とねぎらいの心情

儀礼の特徴として、ラパポートは、それが二つのメッセージから成り立っていることを述べている(Rappaport　一九九九：五二、三)。第一は「正典的なメッセージ」(canonical message)で、正典(canon)として存在し得る永続的なメッセージである。第二は「自己準拠的なメッセージ」(self-referential message）で、その場の文脈から離れては存在し得ない「いま・ここ（the here and now）」をめぐるメッセージである。ラパポートは次のように書いている。

（引用（1）四・五）

自己準拠的メッセージの指示対象、すなわち個々の当事者、あるいは当事者の身体全体の物理的、精神的、社会的状態は、今ここ（the here and now）で限定されるが、正典の意味するものは決して限定されない。それらは、以前話されたり演じられたりした言葉や行為の中に、物質的、社会的、抽象的、観念的、あるいは精神的な秩序、あるいは過程や実態、さらには存在、あるいは現在を超越した推測的な存在を含んでいる。自己準拠的なものは、直接的なもの、特定のもの、できごとの生き生きした側面を示す。これに対して、正典的なものは、一般的なもの、持続的なもの、さらには普遍的秩序の永遠の様相さえ示す。

（Rappaport 1999 *Ritual and Religion in the Making of Humanity* Cambridge University Press p.53）

儀礼はこれら二つのメッセージのどちらか一方では成立せず、二つの意味が相互に依存し合って成立するという。

（引用（1）四・六）

儀礼に従事する自己が自己準拠する意味を見いだすのは、正典においてである。正典がなければ、儀礼の自己準拠的メッセージは、意味のないものになるか、あるいは存在さえしないようなものとなるであろう。

（Rappaport 1999 *Ritual and Religion in the Making of Humanity* Cambridge University Press p.106）

「お接待」に関しては、お大師信仰から発した「お接待」の伝承が正典的なメッセージであり、「いま・ここ」

で遍路者と接待者による対面的相互行為として行われる個々のねぎらいや支援が文脈依存的で自己準拠的なメッセージである。お大師信仰からの正典的なメッセージがあるからこそ、「お接待」の行為が可能となり、それが「いま・ここ」で具体的な内容を伴った自己準拠的なメッセージによって実行され、接待者と遍路者との間に「お接待」を成立させるのである。正典的なメッセージが強く抱かれている場合には、弘法大師信仰を強く抱いてお大師さんへの崇敬のつもりで「お接待」し、自己準拠的なメッセージが強く抱かれている場合には、現代的な感覚で遍路者への利他的ねぎらいの感情を強く抱いて「お接待」することとなる。多くの「お接待」のケースでは、お大師信仰と遍路者への利他的ねぎらいの感情とが融合し合って、ラパポートのいう二つのメッセージが相互に依存し合った状態になっているであろう。

遍路者への喜捨行為が「お接待」として成立するためには、両者の関係性に正典的メッセージが含まれていることが必要であるが、それは四国の札所周辺あるいは遍路道で遍路姿をした人に、接待者がお大師信仰に基づく儀礼的習俗によりながら行為していることで可能となるであろう。自己準拠的メッセージは正典的メッセージが成り立っていることを前提として、「いま・ここ」で当事者が限定されている物理的、精神的、社会的状態を反映するものであり、それは今日では多分に利他的向社会的な要素を持つであろう。

次は、「お接待」にねぎらいとお大師信仰とが実際に感じられることを書いたものである。

(引用(1)四・七)

四国に来てから、物やお金の喜捨を受け、言葉をかけてもらい、また、手を合わせて挨拶をされたことも度々。初めのうちは、「俺にくれたのだ、俺がもらったのだ」という気持ちしかなかったように思う。しかし、段々そうではないような気がしてきた。この人たちは、和田明彦という男に手を合わせているのではない。遍路に手を合わせているのであり、仏を信じる者に手を合わせているのであり、ひいては、仏に手を合わせているのだ。様々な喜捨を受けるに従ってこの自覚が益々強くなってきた。恥ずかしいまねはできない。

（和田明彦　一九九六年　『曼荼羅の旅―現代に生きる四国遍路の智恵―』　近代文芸社　九二、三頁）

遍路者は自分個人への物やお金の「お接待」だと思っていたのが、単純にそれだけではないと思うようになっていく。遍路道という場面で遍路姿をした者が「お接待」を受けるのだが、接待者はお大師崇敬から発した正典的なメッセージと、「いま・ここ」に現前する遍路者へ何か応援したいというねぎらいの自己準拠的なメッセージの両方を、人によってはその割合は違っているであろうが、「お接待」に込めているのである。

さらに、遍路では親しみを込めて言われる「同行二人」ということもそのことに関わっている。

（引用（1）四・八）

「同行二人とお接待は相互に結びついたセットになっているのだ」と気づかされた。…同行二人とは、心身共に苦しい状態にある巡礼者にお大師さんが影のように寄り添って「私が同伴しているのだから、心配せずに行きましょう」という意味である。

一方お接待とは苦行に喘いでいるお遍路さんに「お疲れでしょう。ひと休みしてお茶でも飲んでいって下さい」とか「どうぞこれを食べて元気を取り戻して下さい」と巡礼者を励まし、持て成して下さる地元の人達の行為である。

当初私は、この行為は巡礼者である私に対する持て成しであると理解していたのだが、実は地元の人がもてなしているのは目には見えない同行二人のお大師さんに対しての行為なんだと気付いた。つまり私は、影である同行二人のお大師さんと、一人二役をやっていたことになる。

（狭間秀夫　二〇一六年　『後期高齢者四国遍路を歩いてみれば』　一四〇、一頁）

同行二人と「お接待」は相互に結びついたセットとなり、贈与としての「お接待」は二重の意味を持つ。お大師への崇敬と、遍路者へのねぎらいの意味である。単に、遍路者へのねぎらいだけであるなら、「お接待」にはならず、純粋な贈与行為あるいは施しとなるはずである。今日ではお大師への崇敬が意識されない場合も多いであろう。

（引用（1）四・三）の女子大生の場合、お大師への信仰の意識はないかもしれない。しかし、仮にマラソンの苦しい練習をしている面識のない人に出会った時、ねぎらいの贈与行為をするかどうか考えてみると、普通そのようなことはしないだろうと考えるならば、正典的なメッセージをもつ遍路者に対して「お接待」を行う慣習が身についていて、遍路者の出会いとともに日常から儀礼的習俗行為への意識の切り替えが起こってリミナリティの状態となり、「お接待」を機転よく実行したのだと考えられる。

6 「お接待」適用範囲の広がり

儀礼は、清水によると非日常の行為であるが、現代産業社会における儀礼的現象は通過儀礼、イベント類ばかりでなく、随所で儀礼的行為が行われているという（清水　一九八四：一三二）。国民的行事である選挙は、お祭り騒ぎの中で勝者が作り出され、それはかつての原始王権の儀礼的サイクルの忠実な再現といえるほどのものであるという。

「お接待」においても、本稿の事例であげているような場合だけでなく、道案内をしたり激励の言葉をかけたりするなど、遍路者に対する便宜や言葉かけを「お接待」と呼ぶ場合もよくあることである。さらには、遍路者でない人に対して、ちょっとした支援の行為をする時にも「お接待」と呼んで行為する場合もある。

遍路者が「逆接待」と称して、接待者にお礼の意味も含めて贈り物をすることもある。

このように、「お接待」の慣習が一般的なものとなると、親切心から他者に便宜を図る行為を「お接待」と呼ぶようになってくる。こうした「お接待」適用範囲の拡散は、議論の曖昧化を招くこととなる。そのため、ここでは狭く限定して、接待者が遍路者に対して行う贈与行為のみ（特に「お接待」らしさを示すためにお金の「お接待」の事例）を「お接待」として扱い考察を行った。

本書では、「お接待」が一定の伝統的行為様式を持つものの、極めて短時間で完結し行為様式の規定がゆるやかなものであることを考慮して、「お接待」を儀礼とはみなさず、準儀礼として扱うこととし、「お接待」は「慣習化した儀礼的習俗」であると表現することにする。

（5）「お接待」の進行局面

本節では、遍路沿道の住民によって個人の創意で自由に行なわれる「お接待」が、時間の流れの中でどのような経過で進行していくのかを考察する。団体ではなく個人が「お接待」を行う場合には、自動車や団体バスで遍路する人よりも歩き遍路をする人に対して行う機会が多くなる。そこで、歩き遍路をする人と地域の人が出会って、「お接待」を行うごく短時間の対面的相互行為の局面をいくつかの段階に分けて、それぞれの段階がどうであるのか見ていくことにする。

そのために、四国遍路巡拝記からの個別的なケースを質的なデータとして扱い、アーヴィング・ゴッフマン、ランドル・コリンズ、ジョナサン・ターナー／ジャン・ステッツといった人たちの儀礼的相互行為論の分析視点を参考にする。そして、「お接待」の進行局面を段階別に分けて、そこでの特徴を事例より考察する。

1 「お接待」の典型的な事例

最初に、ここで考察の対象とする「お接待」の典型的な事例を一つ掲げて、「お接待」についての具体的な様相を示しておく。この事例は、多くの四国遍路巡拝記にごく普通に見られるものであり、最近の「お接待」の状態をわかりやすく示している。

（引用（1）五・一）

道を歩いていると、向こうから歩いてきた小柄なおばあさんが立ち止まって何か探している。私が近づいていくと「お接待させていただきます。ジュースでも飲んで下さい」と、百円硬貨を二枚差し出した。「これが噂のお接待か」と遍路前に学習して承知していたが、一瞬戸惑った。さほど裕福とは思えないおばあさんがさりげなく差し出した百円硬貨二枚。喜んでもらうのがルールと聞いていたので、お礼を言っていただいた。まったく恐縮するばかり、もったいなくてとても使えない。

（木下和彦　二〇〇一年『ゆっくりのんびりお四国さん　退職後の生き方を探す旅』文芸社　七一頁）

この（引用（1）五・一）は、「お接待」を受けるのが初めての経験だという人の記述である。初めての場合、たいていの人がこのような思いをするのであろう。裕福とは思えない身なりの初対面のおばあさんから二百円の「お接待」をされるということは、日々の生活の中で行う他者との対面的相互行為の常識と大きく異なっている。しかしこの時には、「遍路前に学習して承知していた」ためお礼を言ってお金をいただき、「お接待」は成立した。

遍路途中のつかの間の出来事であるが、遍路する者にとっては忘れ得ぬ経験であろう。初対面の人からいきなりお金を渡されるということは常識を逸する現象であり、まさに四国遍路の「お接待」にかかわる慣習化した儀礼的習俗の存在がそれを可能にしている。これだけの出来事ではあるが、四国遍路の「お接待」の特徴が現れている。

2　「お接待」における儀礼的相互行為の段階

前述の（引用（1）五・一）を参考にしつつ、「お接待」に関する対面的相互行為が進んでいく局面を考察していくことにする。そのために、儀礼としての対面的相互行為の進行過程について詳しく論じているコリンズとターナー／ステッツの議論を検討する。

ゴッフマンは、役割距離、儀礼的無関心、敬意など、種々の概念を分析手法として設定し、それを使って対面的相互行為を分析することによって、デュルケームの示した宗教的社会的儀礼論から、日常生活の儀礼論へと発展させた。かつては頻繁に行われていた儀式や祈り、食事の際の神への感謝などは過去のものとなってしまったが、かわりにあまりにもありふれて気づかれにくい儀礼があらわれてきたことをゴッフマンは論じている。コリンズは、それを日常生活における相互行為儀礼（interaction rituals）として受け継ぎ（コリンズ　一九九二：五三　邦訳二〇一三：八二）、ゴッフマンの儀礼の考えをさらに発展させて、儀礼の一般理論を構想した（Randall Collins 2004）。

ターナー／ステッツは『感情の社会学理論　社会学再考』において、コリンズによる相互作用の儀礼理論をさらに精巧にして、コリンズモデルを描いた（ターナー／ステッツ　二〇〇五：七六、七　邦訳二〇一三：一五四、五）。その中では、デュルケームが示した「集合的沸騰」（effervescence collective）が重要な要素となっている（デュルケーム　一九一二　邦訳一九四二：二六三）。それは人々の集合状態における多数の人々による熱狂的興奮状態から発生するので、「お接待」のような少数の人が行う対面的相互行為には不向きであると考えられる。そこで、ターナー／ステッツによればゴッフマンが「焦点の定まっている出会い」に設定したとされる、コリンズの初期のモデルをここでは参考にする（ターナー／ステッツ二〇〇五：七三、四　邦訳　二〇一三：一五一）。それは、次のような七段階である。

①　複数の個人の同時臨場
②　各人の他者への相互的な気づき
③　注意の共通な焦点化
④　共通する感情気分
⑤　会話と非言語的ジェスチャーのリズミカルな協調と共時化
⑥　個人の対象、単語、そして考えの共通な焦点化や感情の象徴的表象化
⑦　儀礼を用いて個人の集団所属を表象する象徴についての道義の感覚

この儀礼的相互行為の段階設定について「お接待」の視点から考えてみると、この段階設定でもなお、相互行為が次第に生成していく際の集合的作用の要素が強すぎると考えられる。コリンズやターナー／ステッツは、儀礼を考えるにあたって、儀式として行われる形式的行事や宗教的祭祀を対象として考えているため、多数の人々による相互行為を念頭においている。しかしここで考察対象とする「お接待」は、その多くが接待

者と遍路者との二者関係が中心であり、会話と動作によるリズミカルな集合的作用の機会は少ない。しかし日常的常識とは異なっているので、儀礼的要素は含まれており、それによって「お接待」が成り立つと考えられる。「お接待」は、まず「お接待」する人が遍路する人に「お接待」の行為を行う局面があり、次にそれを受けて遍路する人が応答するという局面を経て、「お接待」が成立するかどうかが決まる。そのため集合状態の中で次第に感情気分が焦点化されていくというよりも、「お接待」の理解とその受容・拒否をめぐっての共通な焦点化が重要な位置を占める。そして「お接待」が成立した際には、そのことへの喜びや感動など、感情の共有化が起こる。

そのようなことを考慮し前述の七点の段階を見直して、次のように設定する。

① 複数の個人の同時臨場
① 各人の他者への相互的な気づき
③ 行為の想起と準備
④ 会話と非言語的ジェスチャー
⑤ 相互行為への共通な焦点化
⑥ 共通する感情気分ないしは感情・意識の不一致
⑦ 行為直後の会話や感情の共有化と日常性への回帰

特に接待者による「会話と非言語的ジェスチャー」があって後、注意の共通な焦点化と共通の感情気分ないし不一致が起こると考え、ターナー／ステッツとは順序を変更している。

3 「お接待」が進行する局面

次に、「お接待」が行われる相互作用場面について、前に見た（引用（1）五・一）での考察を加味しつつ、それぞれの局面における「お接待」の状態を考えてみる。

① 複数の個人の同時臨場

札所近辺や遍路道など、「お接待」が行われる場所において、遍路する人を含む複数の人々がいることがこの局面では重要である。

西国三三か所観音巡礼では、今日「お接待」がなくなったと言われているが、このことについて、「近畿一円の人々の巡礼に対する同情心や尊敬の念が薄らぎ、これに比例して接待も衰えていった」（前田一九七〇：二一九）ことがあるが、モータリゼーションの発達により交通手段が利便化され、また歩行によい道路がなくなって、歩いて巡礼する人がいなくなり、四国遍路のような「お接待」をする同時臨場の場所が消失したことも大きな原因であろう。

「お接待」を可能にしているのは、「お接待」にふさわしい場所がありそこで人々の同時臨場があるからである。そうではない場所、たとえば札所から離れた空港や鉄道の駅において、白装束に菅笠をかぶって杖を持っているということから、遍路者だと判断できる人に対して、「お接待」の行為をする場合、その服装が遍路儀礼から象徴的な意味を与えて「お接待」しようという気持ちになるのであるが、そこは「お接待」にふさわしい場所ではないので、「お接待」を共有する感情気分にはならず、どこかよそよそしい贈与行為となるであろう。

② 各人の他者への相互的な気づき

この局面は、同時臨場する場面において、接待者が遍路者の存在に気づく段階であるが、「お接待」に向けての気づきは「お接待」する側とされる側とで事情は異なる。白装束に菅笠をかぶり輪袈裟や頭陀袋を携行し金剛杖を持っているという身なりをした遍路者のいること、あるいはその一部を身につけている者のいることが、「お接待」を行う側の気づきとなるが、遍路者かどうかの判断に迷う場合があり、迷った場合「お接待」は控えられることがあるだろう。

(引用(1)五・一)では、四国遍路巡拝記の表紙に本人の写真が載っており、白衣、菅笠、杖、頭陀袋、輪袈裟を身につけているので、おばあさんは遍路する人だと判断できたのであろう。もし以上の五つ(あるいはそのいくつか)を身につけていなかったら、遍路する人だと判断するのはむずかしくなる。その場所が遍路沿道であれば、それらを身につけていなくても、それに代わりうる遍路者であることを醸し出している状態、たとえば長い歩き旅に耐えられるように、非常に大きな荷物を担ぎ精悍な姿でしっかり歩いているなど、遍路をする人だと判断することは可能であるが、一様に判断できないところがある。

一方、「お接待」をする側の人には決まった身なりはないので、服装から判断はできない。その場に「お接待」することを示す張り紙がしてあったり、接待物を並べたテーブルや棚でもあればそれとわかるが、それらがなければ遍路者にはこの時点で相手の存在がわかるだけである。

③ 行為の想起と準備

(引用(1)五・一)において、おばあさんが遍路者を見て、「立ち止まって何か探している」という記述からうかがえるように、「お接待」をしようとしてそれを準備する段階である。

相手に渡すふさわしい物がなければ、その意図を実行することができないであろう。お金を渡すというのは、遍路者に出会う前に袋に入れたり小物と合わせたりするなど、準備している場合もあるが、遍路者に急に出会ってとっさに「お接待」したいと思った時、適当なものを持ち合わせていないので、財布にあるお金を差し出そうと思い立って渡す場合が多いであろう。(引用（1）二・一三)では、おばあさんがその時持ち合わせた小銭をそっくり「お接待」として渡していた。

お金や物を渡すことでなくとも、激励の言葉をかけたり札所への道案内をすることなども「お接待」だとみなすことはできるが、挨拶や親切行為など普段と変わらない行いと区別がつかなくなっていく。区別できるとすれば、遍路沿道で遍路者に対して行っているかどうかであろう。

またこの場合は、遍路者が歩いて近づいてくるので、「お接待」しようとしている人は立ち止まって待っている。逆に、接待者が近づいていく場合もあり、準備段階として、両者が話のできる対面的状況まで接近することが挙げられる。

「お接待」する側が、遍路道沿道で遍路者を待ち構えていて、そのような人を見つけると、すかさず話しかける場合がある。次はそのような事例である。

(引用（1）五・二)

お爺さんに声をかけられた。道端に小さなワゴン車を停めて、歩き遍路を待ち構えていた様子である。…ココアを出してくれたので、ありがたく頂戴する。

四国遍路では、時々お接待してくれる人が用意周到である。たまたま見かけたから、これ持っていきと果物くれたり缶ジュースくれたりするのと違い、そういう人は最初からお遍路を捕獲しようと待ち構えていて、施すことをライフワークにしている。このお爺さんもまさしくそういう人だった。

(宮田珠己　二〇一一年　『だいたい四国八十八ケ所』本の雑誌社　一〇五頁)

この事例では、日頃から「お接待」したいと願っている人が、道にワゴン車を停めて歩き遍路をする人を待っている。「お接待」をするために、ココアを作って飲んでもらおうと準備している。

遍路沿道の住民が遍路者にばったり出会って、急に「お接待」しようと思いつくことは多いだろう。そのため、「お接待」表明は、道を歩いている時や買い物をしている時など、普段の対面的状況で突然起こることがある。「たまたま人びとが対面的状況のなかに他の人びととともに投げこまれたために、自然に儀礼が発生してくることもある」（コリンズ、邦訳二〇一三：九〇―九三）。四国遍路における「お接待」という「ある様式に基づいた行為の実演」（コリンズ、邦訳二〇一三：六四）が、お遍路さんとの出会いにより発生する。

しかしながら、何が「お接待」になるかはさまざまである。ここでは「お接待」を「四国遍路をする者に対して、慣習的に続いている儀礼的習俗に則って、無償あるいは便宜を図って自発的に物品・金銭・行為（労力）・宿泊等を提供する活動」（第一章一七頁）と規定するが、その実際の内容はさまざまである。

第五〇番札所繁多寺で実施した遍路者への調査において、「お接待」の内容について飲み物とお金以外に「その他」の自由回答欄に記入されていたものは、手芸品、手作りわらじ、手作りの巾着、手作りのお地蔵さん、こまもの手作り、賽銭入れ、お守り、タオル、果物、みかん、いも、うどん、もち、塩、弁当、食事などで、物以外には、車で送る、道案内、宿泊、下着の洗濯、移動の手伝い、両替などの行為があり、さらには明るい挨拶、温かい言葉、気持ち、心など、会話や配慮面に含まれるものがあった（竹川、二〇一五：二五、六）。このように、ちょっとした親切や気づかいなども、「お接待」と解釈する場合がある。

伊藤雅之によれば、人々は宗教でこれまで形成されてきた所産やレパートリーを、異なった断片として選択していくことが可能な「道具箱（tool kit）」とみなして、その一部を自分でアレンジして実行しているという。「つまり、道具箱としての宗教概念により、行為者が宗教という文化資源にアクセスし、交渉して、道具箱から自己に必要な要素を選択していくという理解が可能となるのである。」（伊藤、二〇〇三：

一六二)。実際四国遍路において、個人で行う「お接待」の仕方はさまざまであり、お大師信仰を自分流に解釈して、あるいは遍路者が札所巡拝の苦労を少しでも軽減することを意図して、それぞれにとって大きな負担にならない程度の無償贈与を自発的に行うのである。伊藤による「道具箱」の指摘は、今日の「お接待」する側の多様な行為形態のありようを説明している。

④ 会話と非言語的ジェスチャー

「お接待」をする側が、「お接待」しますと宣言し、ジェスチャーでそれを行う段階である。この「お接待」であることを示すことは極めて重要で、誤解を招かないようにする必要がある。全く「お接待」とは関係ない所で、遍路していない人に対して贈与行為をすることは、何か商売上の目的があるのか、宗教的勧誘ではないか、よくないことを考えているのではないかなどと不審に思われるであろう。ここから日常の常識的対人関係とは異なる「お接待」となる。前段階の「各人の相互的な気づきと準備」とほとんど同時に、この「お接待」の会話とジェスチャーがはじまる場合もある。

(引用(1)五・一)では、「「お接待させていただきます。ジュースでも飲んでください。」と、百円硬貨を二枚差し出した」とあり、「お接待」であることを相手に告げている。面識のない人に今行っていることを理解してもらうことが必要であり、そうでないと相手に行為の意図が伝わらず誤解を招くことになる。

「お接待」の場合、何ら返礼を期待することなく一方的な贈与行為をしているにもかかわらず、提供する側は「お接待させていただきます」と謙虚な姿勢をとっている。これは、遍路する人をお大師様に見立てるというところから来ていると考えられる。遍路している人を、四国遍路を修行して行脚するお大師様の化身とみなしているのであろう、非常に腰の低い姿勢で話しかけている。ただし、若者に多いのだが、このお大師信仰を意識せずに、あるいは知らずに、「お接待」の作法として行っている場合(引用(1)四・三)もあり、時には謙虚な姿勢のない場合（後述の引用（1）六・九）もある。

次のような事例は、日頃の日常生活からは全く予想できない「お接待」のケースである。

（引用（1）五・三）

百メートルほど先に高級な黒いセダンが一台、こちらを向いて不自然に止まった。なかに誰か一人、明らかに私のことを待ち伏せて観察している気配があった。イヤな予感がした。東京では、こういうときにはしらぬ顔をしてサッサと通りすぎる。私が通りすぎようとした瞬間、ダークスーツで決めた強面の中年男が私の行方に立ちふさがった。案の定、危ない筋の男にしか見えない。正直、私は怖かった。

次の瞬間、その人は姿勢をただし、私の目をしっかりと見据え、きわめて丁重に心をこめて両手を合わせた。「お接待させてください」祈るような声で百円玉二つを私に手渡した。緊張で乾いた咽喉から発する、その声は微かに震えてさえいた。その眼差しは、あたかも聖人に対するように澄んでいた。この出会いを逃したら彼の一生は破滅するというかの如くであった。…

その人に対して私は自然に、あたかも自分が「お大師さま」であるかのごとく丁重に合掌していた。私の体はほかに動く術をしらなかった。彼は合点が行ったように、一瞬にして、身を翻して立ち去った。

（熊倉伸宏　二〇一〇年『あそび遍路　おとなの夏休み』講談社　一一八、九頁）

接待者の風貌からは自分とどのようなかかわりがあるのか判断できず、「お接待」宣言の会話とジェスチャーが出てきてはじめてわかる、全く予想外の「お接待」である。その際にも、「お接待させてください」と祈るような声で謙虚な態度をとっている。こうした非日常的とも言える行動を接待者がとる背景には、運良く見つけた遍路者をお大師様の化身と見て「お接待」したいという動機が非常に強くあるからであろう。

⑤　相互行為への共通な焦点化

「お接待」の表明がお接待する人から発せられることによって、対面的相互行為の場面において両者の共通の焦点化がなされ、受ける側が「お接待」だと理解する時である。「お接待」の表明がされても、受ける側がそれを理解しなければ、「お接待」は成立しないだろう。四国の遍路沿道であることがおおいにそれを可能にしている。単に何の理由もなく施しを受けたということでは、理不尽に感じたり屈辱に感じたりするであろう。本人が遍路をしていて、そのことによって「お接待」を招いているのだということを理解していなければ、「お接待」は成立しないと言えるだろう。

（引用（1）五・一）では、「『これが噂のお接待か』と遍路前に学習して承知していたが、『一瞬戸惑った。』」とあり、「お接待」についてそれがどういうものか知っていても、自分に対して現実に起こった時戸惑いが生じる。個人で行う「お接待」はたいてい突然やってくるので、相手の行為が「お接待」をしようとしていることだと理解できることが、遍路する者に要求される。

次の事例は、初めての「お接待」に出会い、その時の想いを述べたものである。

（引用（1）五・四）

「ちょっと、そこのお遍路さんお接待させてください」…「手作りですが、お賽銭袋を上げますのでどうぞ」…これが噂に聞くお接待というものか。ドキドキ恐縮した。見ず知らずの人を呼び止めてまで、金品をタダでくれるようなことは、日常にはまずありえない。都会であれば、呼び止められた人は警戒心が沸騰するにちがいない。かかわりをイヤがって逃げ出す人もいるかもしれない。

（藤田健次郎、フミヨ　二〇〇八年『夫婦へんろ紀行』東方出版　一七、八頁）

見ず知らずの人から金品を無条件でいただくという行為は、日常ではまずあり得ない。そのことを「お接待」

だと理解し、驚きを持って述べている。それが四国遍路において慣習となっている儀礼的習俗であることを理解しなければ、「かかわりをイヤがって逃げ出す人もいるかも知れない」と、この特殊な状況を述べている。

⑥　共通する感情気分ないしは感情・意識の不一致

「お接待」が成立ないしは不成立が決まる時である。それは、遍路者が受け入れるか、そうでないかで決まる。お金の「お接待」表明を受けて、見知らぬ者から施しを受けるいわれはないなどと、拒否的な態度や抗議の言葉が思わず出てしまう場合、「お接待」がどのようなものかを十分に理解しているとは言えないであろう。「お接待」を断ってはいけないということは、長く受け継がれて慣習化した儀礼的習俗に属することであるが、四国遍路をはじめてする人など、十分な知識を持たずに札所を巡っている人は、現代的感覚から「お接待」の申し出を断る場合があるだろう。今日では、ゆるい巡礼であるがゆえに誰でも加わることができるので、四国遍路をする人の間で「お接待」への認識に不一致があり、共通する感情気分になれないことがある。

次はそのような例である。

(引用（1）五・五)

お爺さんは私を待っていた。出発支度をしていると、お接待だといって財布から千円札を出して私に渡した。千円というお金は、お爺さんにとっても大切なお金だろう。と思い、受け取りを辞退した。「このお金は、あなたにあげる訳ではない。持って行きなさい。」それでも辞退した。私は何もわかっていなかった…。

仁王門を出て振り返り、本堂に向かって礼をし、お爺さんにも深く礼をした。お爺さんは私が角を曲がるまでずっと見送っていた。

(桂木正則　二〇一六年『山と海と風と潮　四国八十八ヵ所歩き遍路旅』ミヤオパブリッシング　五二、三頁)

この巡拝記の著者は、面識のないあるお爺さんから「お接待」として千円札を渡され辞退したら、「このお金は、あなたにあげる訳ではない。持って行きなさい。」とさらに持って行くよう進められたにもかかわらず、再度断っている。お爺さんにとって大切なお金であるという常識的発想がはたらいて受け取るのを拒否しており、お爺さんのことを慮っての拒否である。

断った時点では、「お接待」を断ってはいけないという慣習を知らずに巡拝を続けていたのであろう、後にこのことについて遍路巡拝記を書く時に「私は何もわかっていなかった…。」と書いていて、「お接待」の儀礼的習俗を知らなかったことを後悔している。

おそらくお爺さんの「このお金はあなたにあげる訳ではない」という言葉も遍路している時には理解できなかったであろう。「あなたにあげる訳ではない」のに「持って行きなさい」とは、その言葉内容に無理があるのであるが、その意図を推測すると、あなたではなくお大師さんに喜捨するのだということか、私の代わりに寺まで持って行ってお賽銭にしてくださいということであろう。ここでは「お接待」は成立せず、お爺さんは私が角を曲がるまでずっと見送るという納得のいかない態度を示し、両者は共通の高揚した感情気分を持てずに別れることとなった。

⑦ 行為直後の会話や感情の共有化と日常性への回帰

「お接待」直後の会話や行為が行われ、成立した「お接待」への共通の焦点化による感動や感情の共有化が生じる、あるいは「お接待」の不成立による意識の不一致や葛藤が生じる段階である。「お接待」が成立すると、「お接待」に対して礼を言ったり納め札を渡すことによって、日常的常識とは異なる儀礼的相互行為が好意的了解で受け入れられてそれへの共通の焦点化が生じ、同時に感情の共有化が生じる。

コリンズは「もし二人の人間がともに同一の聖なる標徴と同一の聖なる名前に敬意を払い、同一の教義を共有しているなら、彼らはお互いに同一の儀礼共同体に所属しているということに気づくだろう。」と述べている（コリンズ、邦訳二〇一三：六八）。「お接待」の成立が、同一の儀礼共同体に所属している感情を共有しているかどうかは、微妙なところである。年配者であれば、お大師信仰に基づく儀礼的共同体帰属の感情を持つかもしれないが、現代的感覚からすると、他者を思いやる無償の行為を相互に共有できたことへの感動が大きいであろう。

（引用（１）五・一）では、「お礼を言って、いただいた。」とあり、差し出されたものに対して、お礼を言うのが通常の行為となる。遍路では、「お接待」に対して、納め札を渡すのが慣習となっているが、突然の行為なので納め札を渡すことを忘れたり、相手が納め札をもらうことを期待していなかったりすることがあり、応答の仕方はさまざまである。

対面的相互行為として、「お接待」する行為に対して、何らかの返答の行為をすることが必要であり、お礼を言うだけであっても、そのことにより、無事「お接待」が成立することとなる。

さらに、接待者が、お礼の言葉や納め札を渡したことに対して「お気をつけて」などねぎらいの言葉をかければ、この「お接待」という対面的相互行為は両者ともに気持ちよく終えることができる。

しかしそのような感情の共有に浸っている間もなく、「お接待」した後、すぐにその場を離れる場合もある。以下はその事例である。

（引用（１）五・六）

振り向くと土木作業員のおばさんが道路を横断して、私に「お接待です」と言って百円玉を差し出した後、逃げるように仕事場に戻って行かれた。全く意外と言うか富山弁で「気の毒なや」と言うしかない。女性の土木作業員は一般的にそれなりの事情があって就業しておられるので、私としては貰いにくいのであった。

（高見貞徳　一九九九年『四国霊場巡り歩き遍路の世界』文芸社　二四八頁）

急にお金を差し出して逃げるように戻って行かれては、お礼の言葉を言うことも返礼の納め札を渡すこともできない。「お接待」する側に見返りや相手の反応を全く期待していない、あるいは礼を言われたりすることに気恥ずかしさを感じるということがあるのだろう。こうしたケースは遍路巡拝記において多数見られ、行為直後の会話や感情の共有化は見られないか、瞬時に終わる。

4　「お接待」の成立

「お接待」を儀礼的相互行為として、その進行過程を段階的に見てきた。まず遍路道沿道での「①複数の個人の同時臨場」があり、相互に「②各人の他者への相互的な気づき」が起こり、接待者側が「お接待」しようと「③行為の発想と準備」を行い、「お接待させてください」と「④会話と非言語的ジェスチャー」で遍路者に知らせ、「お接待」への「⑤注意の共通な焦点化」がなされる。そして遍路者が「お接待」を好意的に受容するかそうでないかの「⑥共通する感情気分ないしは感情・意識の不一致」で、「お接待」の成立・不成立が決まり、その後「⑦行為直後の会話や感情の共有化と日常性への回帰」となり、両者は別れることになる。

「お接待」成立のためには、接待者側では、前半の段階が重要であろう。遍路沿道で遍路者を発見して、「お接待」行為の発想が起こることがポイントである。遍路者側では、会話と非言語的ジェスチャーで「お接待」を告げられて、それを解釈し受容するかどうかの判断までが重要で、「お接待」がどういうものかを認識していて、対面的状況においてどう振る舞うかが成立のポイントとなる。

（6）「お接待」の継承

四国遍路における「お接待」は、弘法大師信仰より発して長い歴史の中で継承され、現代も頻繁に行われている。これまで見てきたように、個人による「お接待」は、慣習化した儀礼的習俗に基づき、それぞれの人たちが自発的に行うものであり、何ら強制されるものではない。そのため、伊勢路では途絶えてしまったとの記述があったように（引用（1）二・九）、時代の経過とともに廃れてしまうこともある。個人による「お接待」が継承されていくには、人から人へと伝えられていくことが必要であるだろう。四国遍路巡拝記には、「お接待」継承にかかわる記述が多く見られる。次にそれらについて見てみよう。

1　子どもの「お接待」と親からの継承

「お接待」は、年配の人からだけでなく、さまざまな人によって行われている。次は、幼稚園児や小学生が「お接待」だと物やお金を差し出してきた事例である。

（引用（1）六・一）

幼稚園児くらいの子供が近づいてきて手を出す。私も手を出すと、その子は私に二百円渡してきた。私がびっくりして周りを見回すと、両親らしい若い夫婦がもう一人子供を連れてニコニコしていた。私は立ち上がり深く頭をさげ、「ありがとうございます」と礼を言った。日曜日のため、子供連れで公園に遊びに来た若い夫婦が、子供に手渡せと言ったらしい。子供からお接待を受けたのははじめてだし、とにかく驚いた。当然のことながら公園を出るときには、再度丁重にお礼を言い、出発した。

（空昌　二〇一一年『わが歩き遍路―古稀の日の結願を目指して』文芸社　五二、三頁）

（引用（1）六・二）

南光坊を後にして、静かな家並みを歩いていると、小学生の男の子が追いかけて来て、「お茶でも買って下さい」と五百円玉を差し出す。振り返ると自転車を止めてお母さんが見ている。きっとお母さんの財布から取り出し、子供に指示したのだろう。有為ちゃんが、「ちょっと待ってて」と納札を渡し、「有難うネ」と礼を言い、離れて立つお母さんに頭を下げる。この地の子供たちは、こうして育てられるのか。

（鈴木昭一　二〇〇九年『風と歩いた夫婦の四国遍路』ビレッジプレス　一八八、九頁）

（引用（1）六・三）

突然、集落の中の一軒の家から、おかっぱ頭の女の子が走り出てくる。…まっすぐ私に向かってきて止まった。「はいっ」と何かを手渡される。見ると名の知られた栄養ドリンクである。驚く私を残して、女の子は走り寄ってきたときとは打って変わって、恥ずかしそうに目を伏せ、すぐまた自分の家に駆け戻る。その家の前まで急ぐと、…子供によく似た若い母親がいた。お遍路さんが見えたので、お姑さんにおせったいをしろと言われて私を待っていたが、女の子が待ちきれずに走り出したのだという。

（森山透　二〇〇四年『巡礼やすらぎの旅』PHP研究所　四五頁）

これら三つのケースは、小学生や幼稚園児による「お接待」の実行で、背後で親や祖父母が指図している。

「この地の子どもたちはこうして育てられるのか」と、幼少期から「お接待」を見たり実行したりすることで、「お接待」する習慣が自然と身についていくのだと考えられる。次はそのようなことを語っている場合である。

（引用（1）六・四）

雑貨店を見つけた。入ると、にらんだとおり、履き物があった。救われる思いで、草履を求めた。「靴下がいるでしょう」と、応対のおばさんは親指のところが先割れになっている「軍足」を出してくれた。しかも、「これはお接待させてください」と「サービス」だ。二足も。「いいんですか」恐縮するこちらに、「四国の人は慣れているんです。親がするのを見てきていますから。お大師さんはいいものを残してくれました」

（横田賢一　二〇〇〇年『四国霊場四季暦　へんろみち　きせつのかたらい』山陽新聞社　三〇、一頁）

「お接待」をすることに対して、「親がするのを見てきていますから」と家庭で受け継いできていることを語り、それはお大師さん信仰からきているのだと述べている。「お大師さんはいいものを残してくれました」と「お接待」を現代の我々にとって望ましい慣習だととらえていることがうかがえる。「お接待」という当人にとって好ましい交流が、お大師様信仰とともに受け継がれていることを示している。

（引用（1）六・五）

駅前の繁華街で乗り換えの時間待ちのため所在なく立っていると、若い女性から、「母からお遍路さんを見たらあげなさいと言われてますので」と千円。

（笠井信雄　二〇〇六年『お四国夢遍路　奥の院巡るが旅の真骨頂』光光編集　四〇頁）

見知らぬ若い女性からいきなり千円の「お接待」である。遍路者に対するお金の「お接待」は、日常的常識から離れた行為であるのだが、そのことを母親からの教えでそのようにするのだという。

(引用（1）六・六)

女の人に声をかけられた。「おようございます」「お大師様にお目にかかったようです。少ないですが接待させてください。小さい時、親はお遍路さんを大事にしていました。子供たちも親に見習って手を合わせていました」と言いながら五百円硬貨を二つ接待してくださった。

(高島慶次、高島由美　二〇一八年『お遍路で確かめた夫婦の絆　―一二〇〇キロ、四十五日間の対話―』文芸社　一三三頁)

遍路者をお大師様とみなして「お接待」している。その時、親は遍路者を大事にしており子どもたちも親に見習って手を合わせていたことを述べている。

遍路沿道で遍路者を発見した際、「お接待」の発想が起こるためには、そうした発想がその時自然に思い浮かんでこなければならないだろう。発見した瞬間、条件反射的に想起する必要がある。それには、「お接待」に日頃から慣れ親しんでいることが重要であろう。幼少期に親から教えられたり親や祖父母のしているのを見て、身についていくのであろう。

2　若い人の「お接待」

子どもの「お接待」は背後で親や祖父母が支えていたが、若い人による自主的な「お接待」は決して少ないわけではなく、四国遍路巡拝記においてしばしば見られる。次はそのような事例である。

（引用（1）六・七）

通りがかりの高校生らしい若い兄さんが、「お茶代にどうぞ」といって、百円玉を二コ渡してくれる。お礼を言おうとしたら、恥ずかしいのか逃げるように自転車で走り去った。

（山勝三　二〇一二年『二百万歩のほとけ道　熟年夫婦が歩いた四国遍路』文芸社　一五七頁）

「お茶代にどうぞ」と二百円の「お接待」を受けて、お礼を言おうとしたら恥ずかしいのか逃げるように走り去ったという。恥ずかしい気持ちを持ちながらも「お接待」をしっかり実行しており、遍路者に「お接待」することは、ここ四国では大切だということを自己の行為規範として内面化しているようである。

（引用（1）六・八）

「お遍路さーん」後ろから女性の声がした。振り向くと若い女性が一目散に私の方へ駈け寄って来る。見ると両手に何か持っている。女性は私のすぐ前に立ち止まった。両手に一個ずつ持ったまんじゅうを差し出した。「ありがとうございます」あわてて金剛杖を右肩に倒しかけ、両手でまんじゅうを受け取った。美しい人だった。私は狼狽してしまい、それ以上の言葉をいいだせず、礼をいってお辞儀をするのが精一杯だった。

女性はにっこりとほほ笑んで振り返り、先ほど出てきた家の方へと走って行った。私はただ去っていく女性の後ろ姿を見ているだけだった。家に入る前、女性は私の方を向いてお辞儀をした。あわてて頭を下げた。

（桂木正則　二〇一六年『山と海と風と潮　四国八十八ヵ所歩き遍路旅』ＭＰミヤオパブリッシング　三二〇、一頁）

走ってきた若い女性から呼びかけられてまんじゅうの「お接待」を受けたが、礼を言ってお辞儀をするのが精一杯だったという事例である。家の前の道を行く遍路者を見つけて、手元にあるまんじゅうを「お接待」しようと思いつき実行したのであろう、短い言葉としぐさであるが、遍路者に「お接待」しようという気持ちがよく伝わってくるケースである。たまたま見つけたお遍路さんに、今あるもので「お接待」しようという場合であり、納め札や見返りは一切求めていない。

ここでは、女性の呼び声と遍路者のお礼の言葉しか語られておらず、会話は最小限と言ってよい。全く初対面同士であるにもかかわらず、双方に、お遍路さんに「お接待」をするということの理解があって、「お接待」が成り立っている。

次は、若い人の車からの「お接待」である。

（引用（1）六・九）

大きな乗用車が一台スピードを落として幅寄せするように私に近づいてきたときは、ちょっと身構えた。運転しているのはTシャツ姿の屈強な若者である。…「おじさん、歩いてお遍路かね？」「はい」「これ、お接待、取っておきな」と、若者が窓から手を突き出した。緊張感がいっぺんに緩む。礼を言ってありがたく受け取ってみれば二百円だ。車は速度を上げて走り去る。私は恥ずかしくなった。でも、仕方がないとも思った。世の中には厳しい現実があるのも事実だから。それにしても、遍路に出て悪い奴に一度も巡り合わないどころか、出会う人はみな心優しい人ばかりだということが不思議だ。

（大谷唱二　二〇〇四年『四国八十八ケ所遍路―ふれあいの旅路』文芸社　二二五、六頁）

車が幅寄せするように近づいてきた時は、何かよくないことが起こるのではないかと身構えたが、若者による二百円の「お接待」であった。若者は、歩き遍路であることを確認しており、その人に対して、高額ではない二百円というお金を差し出して、何らの見返りも期待せず走り去っており、彼が考える「お接待」を歩き遍路者に対して行ったのであろう。「これ、お接待、取っておきな」とかなりぶっきらぼうな言葉遣いで、「お接待させてください」といった謙虚な言い方はしておらず、遍路者をお大師様と見立てる発想はここではないのであろう、慣習化した儀礼的習俗として「お接待」を実行したようである。

（引用（1）六・一〇）

再び歩き始めたら、赤のローバーかミニクーパーが速度を下げ、少し行き過ぎて止まる。若いアベック、いやカップルだ。「お遍路さんですか」と聞き「お接待です」とビニール袋に入ったお菓子を差し出す。お接待とは最も縁遠いと思われる若いカップル、それも赤の外車だ。ビックリして、何度も礼を言い、素直にいただいた。

（岸本隆三　二〇一七年『歩き遍路の旅』海鳥社　九八頁）

お菓子の「お接待」であるが、「お接待」とは最も縁遠い赤い外車の若いカップルであったので、びっくりして何度も礼を言ったという。車で走っていたところ歩いている遍路者を見つけて、「お接待」しようと思い立ったのであろうが、そのような発想はこのような人たちにはなかなか起こらないことであろう。そのような行動をしようとする動機づけは、「お接待」をする習慣が自然と身についていることが大きいと考えられる。

これら四つのケースは、一〇代から二〇代頃の若者による「お接待」である。まんじゅうやお菓子、お金二百円で、これで遍路者の生活の糧にしてもらおうという意識はないであろう。全く彼らの自主的な行動であり、「お接待」の慣習的な儀礼的習俗を幼少期から身近かに経験してきて、とっさに実行したものとみられる。

次のボランティア行動に関する研究は、ボランティアと「お接待」の行動には、自発的に無償で他者にかかわるといった共通点が見いだせるので、「お接待」に対しても参考になるだろう。
三谷はるよは、日本人のボランティア行動が，過去に出会った身近な大人や学校教育によって学習されているかどうかを、全国調査によるデータを用いて研究した。三谷は次のような四つの仮説を立てた（三谷二〇一六：一四三）。

H一：子どもの頃に他者を援助する大人が身近にいると、向社会的態度が身につき、ボランティア活動に参加しやすくなる。

H二：子どもの頃に親が宗教参加していると、宗教的態度が身につき、ボランティア活動に参加しやすくなる。

H三：他者援助を重視する学校教育を受けると、向社会的態度が身につき、ボランティア活動に参加しやすくなる。

H四：宗教教育を受けると、宗教的態度が身につき、ボランティア活動に参加しやすくなる。

データを分析した結果、仮説H一とH二が成立していることが明らかとなった。つまり、第一に、子どもの頃に人助けする近所の人が身近にいた人は、現在において共感性が高い傾向にあり、そのためボランティア活動に参加しやすい。第二に、子どもの頃に母親が参拝していた人は、現在において参拝しやすく、加護観念が強い傾向にあり、そのためボランティア活動に参加しやすい。そして第三に、学校で他者援助を重視する教育や宗教教育を受けた人は、必ずしも現在ボランティア活動に参加しやすいわけではない（三谷二〇一六：一五二）。
このことを、自発的で無償の行為である点でボランティア活動と共通している「お接待」に当てはめてみると、「お接待」が今後継承されていくかどうかは、第一に子どもの頃に「お接待」をする大人が身近にいた場合、「お接待」への態度が身につき、「お接待」に参加しやすくなる。第二に子どもの頃に両親が宗教参加していると、宗教的態度が身につき、ボランティア活動と同様「お接待」に参加しやすくなる。そして第三に四国遍路の「お接待」にかかわる教育を学校で受けたり、宗教教育を受けたりしても、「お接待」行動に参加しやすいというわけではないということになる。ここで示唆されることは、子どもの頃に「お接待」する大人が身近にいることで、「お接待」への態度が身につくということで、これは若い人の「お接待」に通じ、また四国遍路巡拝記において多くの人が指摘していたことであった。

(7)　現代の「お接待」の状況　まとめにかえて

四国遍路巡拝記より、「お接待」にかかわる事例を多数あげて、現代の「お接待」がどのようなものかを見てきた。このように、今日行われている「お接待」の状況はさまざまである。その現代的な特徴について、まとめてみよう。

遍路者の「お接待」経験

四国遍路の「お接待」を遍路者が経験することによって、そこからさまざまな感情や意識が湧き上がる。

はじめて「お接待」を経験した時、非日常感を感じるが、それは「お接待」が、見知らぬ人から謙虚な言葉かけとさりげない動作によって、金品等が提供される、見返りを求めない突然の行為であるからである。

「お接待」をはじめて受けた時は、驚きと戸惑いがあり、「お接待」は断ってはいけないというのが慣習であるが、断っている場合があった（引用（1）二・一七、一八、一九）。それらの多くは、断ってはいけないという慣習を知らないことによるものである。このことは、何の制約もなく四国遍路への知識を持たずに遍路に出かけることができるという、四国遍路がゆるい巡礼であることによる。常識的には、「お接待する側は、自分より豊かな暮らしをしている人になぜお接待（金品の授受）をするのか、疑問に思うであろうし、お接待を受ける側は別にお金に不自由していないのに物乞いのようなまねはいやだと感じる人も多い」（藤沢一九九七：一四三）だろうということで、「お接待」の成立には、儀礼的習俗に則った行為が行われているのだと遍路者が理解することが必要である。

また、たとえ断ってはいけないということを知っていたとしても、断っている場合があった（引用（1）二・二一）。四国の遍路道沿道ではよくあるあまり繁盛しているようには見えないお店で、買った物の料金を「お接待」だからとお店の人が受け取らない場合に、店の寂れている様子からみて理不尽だと思われ、ここは「お接待」を遠慮すべきだとの判断をして断っていた。また、どうしても料金を受け取らない場合には、他の商品を買ってお金を払っている場合があった（引用（1）二・二二）。現代の常識的思考がはたらいて、伝統的な「お接待」の慣習に従わない行動をとっている。

「お接待」を受けた時、遍路にそれほど真剣に取り組んでいるわけではない自分のような者に、手厚いおもてなしをしてくれることに対して、これでいいのかという葛藤や重圧感を感じ、遍路への責任意識を新たにしていた人がいた。接待者の謙虚さと心遣いに敬意の気持ちを感じ、自分がどのように振る舞ったらよいのか自覚されていく。他人から拝まれることに戸惑いを感じていたが、次第に私をお大師様と見立てて拝んでいることに気がつき、「お接待」の時だけはお大師様の代わりであるがごとく振る舞うようになった人がいた。

しかし遍路途中で何度も「お接待」を受けていると、「お接待」慣れが起こって、感謝の気持ちがあまり起こらなくなったり、「お接待」されるのが当たり前という感覚に陥ったりする場合があった。もちろんそうでない場合もあり、「お接待」を何度受けても、その時の一期一会の出会いがあり、感激の記憶が積み重なり、それが高じて何度も遍路するようになった人もいた。

これらのことが遍路途中で実際に起こりうるがゆえに、常によい思い出となる場合ばかりではないが、パッケージ化された旅行では得られない醍醐味を味わうことができる。当初描いていた修行としての歩き遍路とは異なる、「お接待」や四国の人との心温まる交流を経験する。それらのことは、第三者から見ればどこにでもあるごく平凡な出来事であるかもしれないが、当の本人にとってはこれまでに経験したことのないかけがえのない出来事なのである。それぞれの人にとって、得がたい体験として末永く記憶されることになる。

現代の「お接待」

一方、お接待する側の意識・態度も一様ではない。個人が「お接待」する動機として、お大師信仰、「お接待」することの楽しさと感謝の気持ちという自己充足的感情、私の代わりという代参の気持ち、「お接待」は修行という意識をあげている者がいた。他に、先祖への供養もあげられていた（引用（１）三・六）。

そうした「お接待」の中で、返礼に納め札をもらわない場合が多く見られた。四国遍路巡拝記では、遍路者が「お接待」の作法を理解していて納め札を渡す場合もあるが、「お接待」する側が接待品を渡してすぐ立ち去るなど、納め札のことは関心事とならない場合が多い。ペラペラの納め札などいらないという場合もある（引用（1）二・一七）。納め札をもらうと、それがご利益を生むものだとか、集めて吊すと厄除けになるとかいったことは、接待者の多くに今日考慮されていないのであろう。

その意味で「お接待」は従来の互酬性の部分がなくなり、一方的な贈与行為となっている。お大師信仰を身近な民俗宗教とみなし、出会った遍路者を今も四国を巡っているとされるお大師様に見立てて「お接待」することが、功徳を得ることであるととらえられ、あるいはこれまで行われてきた儀礼的習俗だから自分もそれに従う行為だとみなされて、遍路者からの見返りは期待されていない。

「お接待」は短時間で終了し他の儀礼のように形式化されていない部分が多いので、「お接待」を儀礼そのものとしてとらえることはできないので、儀礼的要素を持つ習俗としてとらえることとした。しかし、ラパポートが儀礼論の中で指摘した、正典として存在し得る象徴的な「正典的なメッセージ」とその場の文脈から離れては存在し得ない「いま・ここ」をめぐる「自己準拠的なメッセージ」の区別は、「お接待」を考える上で重要である。お大師信仰から発した「お接待」の伝承が正典的なメッセージであり、「いま・ここ」で遍路者と接待者による対面的相互行為として行われるねぎらいや支援が文脈依存的で自己準拠的なメッセージである。お大師信仰からの正典的なメッセージがあるからこそ、「お接待」の行為が可能となり、それが「いま・ここ」で具体的な内容を伴った自己準拠的なメッセージによって実行され、接待者と遍路者との間に「お接待」を成立させるのである。正典的なメッセージが強く抱かれている場合には、弘法大師信仰を強く抱いてお大師さんへの崇敬のつもりで「お接待」し、自己準拠的なメッセージが強く抱かれている場合には、現代的な感覚で遍路者への利他的ねぎらいの感情を強く抱いて「お接待」することとなる。

また「お接待」の進行局面をとらえようとして、「お接待」の対面的相互行為を一連の段階の進行局面として考えてみた。まず、①遍路沿道で遍路者と接待者が同時臨場し、②接待者が「お接待」を想起し準備する。そして、③「お接待」の宣言があり、④それへの焦点化がなされ、遍路者が解釈する。それに対し、⑤遍路者がそれを受け入れるか辞退するか応答し、共通する感情気分となるか、あるいは感情・意識の不一致が起こる。⑥遍路者による「お接待」が受容された場合、お礼の言葉や納め札を渡す。辞退の場合、接待者にお大師信仰が強くあれば、お大師様に喜捨することの表明がある。そして、⑦別れの言葉と対面的相互行為への振り返りがある。接待者が遍路沿道で遍路者を発見して「お接待」行為の決断をして行為し、それを遍路者がどのように解釈し、受容するかしないかが重要な点である。

「お接待」とボランティア

「お接待」の行為を生むより原初的な発想は、お大師信仰からくる、歩いて修行する遍路者はお大師様の化身だという意識が遍路沿道の人々によって保持されているために生まれてくるものである。村上護によると、「お大師さまというのは、もちろん弘法大師空海のことである。あるときは旅僧で、あるときは物乞いのへんどに身をやつして、いつ家の軒先に現われるかもしれない。四国にはそうした伝承がなお生きており、祖母などは深く信じるひとりでもあった。「もしもその人が、お大師さまじやったらおおごとだよ。お遍路さんでもへんどでも誰でもええ、わけへだてなくお接待せにゃいけん」親は留守番の子にそういい聞かせ、野良仕事に出たものである。」（村上　一九八六：四、五）このことは歩き遍路に対して、その人をお大師様と見立てて「お接待」をする儀礼的習俗が、今日なお四国の人びとのあいだで保持されていることを示している。この伝承が、現代において四国に「お接待」を存続させている重要な要因であると考えられる。

「あなたに上げるのではない。お大師さんに上げるのです」とは、年配の人が「お接待」する際によく発せられる言葉であった（引用（1）三・一〜四）。しかし、若い人になるにつれてお大師信仰のことは口に出して語られないことに気づく。親の行動を見たり教えられたりして継承されているのだが、どちらかといえば、お大師信仰を強く内面化しているというよりも、「お接待」という慣習化した儀礼的習俗に則り実行している場合が多い。「これ、お接待、取っておきな」と、若者が車の窓から二百円を突き出した事例（引用（1）三・一六）は、その土地で育ち身についた慣習から行っているように見える。

四国の遍路沿道という場で、慣習化した「お接待」の儀礼的習俗が世代間で継承されているために、それを当然のものとして身につけた人が、遍路者に出会った時ごく自然な行為として「お接待」が行われるのであろう。お大師信仰になじんでいた世代の人たちでは、遍路者をお大師様と見立てて「お接待」しているが、若い人においては、身についた儀礼的習俗の慣習とともに、現代的な感覚であるボランティアの精神を含ませて、お遍路さんへの「お接待」を行っているのではないかとみられる。

現代の「お接待」は、社会において推奨されているボランティア行為と通じるところがあり、とりわけ若い人にそうした意識が保持されているのではないかと考えられる。藤沢によると、「お接待と現在のボランティアとの違いは、人間より一段上の、弘法大師という神格化された対象と一致することによって、本来嫌悪・侮蔑されたであろう病や障害を持つ人、貧しい人に対し、蔑みや哀れみや無価値を感じないどころか、尊敬や崇拝をし、物品を捧げることが喜びになるという点」であり、つまり「弘法大師という神格化がプラスされ、人々の慈愛、キリスト教でいう愛の実践を人々が自発的に喜びを持って行うのである」という（藤沢一九九七：二四〇）。自分の前にいる遍路者を弘法大師という神格化された対象に見立てることで、「お接待」が自発的に喜びを持って行う愛の実践となる。

有泉はるひによると、「ボランティアが描き出そうとする理想像に、ひとは惹かれ、また、そのようなボランティアの積極性は古くから引き継がれて現代に至っている。それを可能にするものは何か、といえば、生命との直観的なつながり、あるいは「愛」によるとしかいいようがない。誰の命令によるのでもない自発的なボランティア活動を通じて、わたしたちが、「実在」と直接触れることは、決して不可能なことではない。」という（有泉　二〇〇九：一七二、三）。現代の「お接待」がかつてのような同情や慈悲によらないとすれば、お大師信仰による功徳を得ようとするとともに、生命との直観的なつながり、あるいは無償の愛の力とでもいうべき、より根源的なものによるということになる。四国遍路で「お接待」を受けたマリー＝エディト・ラヴァルは、それが無償の愛の力であり、「無私贈与の思想―人間性の根本的な潜在力」だと述べている（マリー＝エディット・ラヴァル　邦訳二〇一六：二〇二）。

「「お接待」には納め札を渡す」や「「お接待」は断ってはいけない」といった従来の慣習に現代的な思考がはたらいて、それらが実行されなくなってきたとともに、「お接待」する人の動機が、お大師信仰だけでなく、儀礼的習俗の慣習的行動として、さらにボランティアや利他的な自己完結的行動として行われる場合が増えているのが、現代の「お接待」であろう。

第2章　現代の歩き遍路

今日さまざまな人が四国の札所霊場を歩いて巡っている。車やバス・鉄道などの移動手段を使わず、自分の足で歩いて四国の町や山中にある札所を巡って行くのであるから、そこには、独特の辛苦や喜びがあるだろう。本章では、実際に歩き遍路をした人が現代の四国遍路をどのようにとらえたのか、四国遍路巡拝記から探っていきたい。

そのような歩き遍路について、次の面から考える。すなわち一、体を動かすという身体的側面、二、歩いている間の思考や心情の側面、三、遍路仲間や遍路沿道の人との交流、四、四国遍路を何度も繰り返す人々について、そして五、自分が歩いた遍路道をどうとらえたのかである。ほかにも、札所霊場のことや泊まる宿について、四国遍路巡拝記にはさまざまに書かれているが、ここでは遍路者の歩く局面にかかわることについて、四国遍路巡拝記を参照しながら考えていく。

（1） 最適経験と歩き遍路

まず歩き遍路の体を動かすという身体的活動の側面について注目してみよう。四国遍路の状況について、森は「二〇〇〇年代になると、「癒やし」効果だけでなく、歩き遍路の運動性が注目されるようになった。アウトドア雑誌が特集を組むなどして遍路は中高年のトレッキングブームと結びついた」（森　二〇一四：一九六）と歩き遍路の運動性を指摘している。

人々が歩き遍路に魅せられるのはなぜか、そのうちの一つと考えられる運動性について、ここではアメリカの心理学者チクセントミハイによる議論を手がかりに考えたい。彼は、現代人が充実していると感じる体験がどのような時にどのような条件で生じるのか研究し、『フロー体験　喜びの現象学』において次のように述べている。「一般に信じられていることとは逆に、我々の生活での最良の瞬間は、受動的、受容的な状態でくつろいでいる時に現れるのではない。最良の瞬間は普通、困難ではあるが価値のある何かを達成しようとする自発的努力の過程で、身体と精神を限界にまで働かせ切っているときに生じる」（チクセントミハイ　邦訳一九九〇：四）。

チクセントミハイは、この生き生きと充実した体験を「最適経験（optimal experience）」と呼ぶ。最適経験とは、一つの活動に深く没入して他の何ものも問題とならなくなる状態のことであり、フロー（flow）とも呼ばれ、心がもっとも満足する時を指している。たとえば、「ヨットが若駒のように波間を突き進み―帆・船体・風そして海が船乗りの血管の中でハーモニーを奏でている時」に感じるという（チクセントミハイ邦訳一九九〇：四）。

チクセントミハイは、歩くという最も単純な身体的行為ですら、それが最適経験を生むよう変換されるならば楽しいものになるという。「歩行は、考えられる限り最も単純な身体の使い方であると同時に複雑なフロー活動にもなり、ほとんど芸術的な形にまで高めることもできる。我々は歩行のための多くの異なる目標を設定することができる。たとえば、どこに、どの道筋をたどって行くかという徒歩旅行計画の選択である。」（チクセントミハイ　邦訳一九九〇：一二三）このように、歩く行為は、単純な動作の繰り返しから複雑な最適経験にまでなり得るという。

このような最適経験を分析してチクセントミハイは、八つの要素を挙げている。すなわち、①能力を必要とする挑戦的活動、②行為と意識の融合、③明瞭な目標、④直接的なフィードバック、⑤今していることへの注意集中、⑥統制の逆説、⑦自意識の喪失、⑧時間の変換である（チクセントミハイ　邦訳一九九〇：六一―八五）。

以下それらについて簡略に説明しながら、歩き遍路がどの程度その要素を持っているのか、そこからわかる歩き遍路の特徴や魅力は何か、四国遍路巡拝記での記述を参考にしながら考えてみる。

１　能力を必要とする挑戦的活動

通常最適経験は、達成できる見通しのある課題と取り組んでいる時に生じる。どのような活動でも、実現するための適切な能力を必要とする「挑戦」を含んでいる。ある課題に対して十分な能力を持たない者にとって、その活動は挑戦的ではなく無意味なものにしかすぎない。たとえばヨセミテ渓谷の切り立った壁は平凡な岩の塊であるが、クライマーにとってそれは知的挑戦と身体的挑戦の複雑な挑戦を必要とする活躍の舞台であるとチクセントミハイは言う。あるいはチェス盤を据えることはチェスプレイヤーの血を沸き立たせるが、ゲームのルールを知らない者にとってはなんということもない。この個人の能力と挑戦との間のバランスが重要であるとチクセントミハイは言う（チクセントミハイ　邦訳一九九〇：六三、四）。

歩き遍路の場合、約一二〇〇キロという長い道のりは誰にとっても大きな課題であるが、それぞれの能力に応じて、一日の歩く距離を決め、歩行速度や休息を自分の調子に合わせて選択することができる。また八八か所の札所を継続して一度に行かずとも、途中で中断することができ、都合のよい時に再開することもできる。あるいは短い数日の行程を何回も繰り返したり（区切り打ち）、一つの県の札所を行く（一国参り）など、自分の体力や生活事情に応じて何回にも分けて行くことができる。

長い距離を歩くのは挑戦的ではあるが、各人の調子や事情に応じて見通しを立てることができ、個人の能力と八八の札所を歩ききるという挑戦とのバランスを自由に調整することができる。そしてみごと歩ききった際には、結願《けちがん》という感動の最適経験を持つことができるであろう。次は、そのような思いを綴ったものである。

（引用（2）一・一）

今までの厳しい苦難やお世話になった数々のことが、いっぺんにふき出したかのように万感胸に迫った心境であった。そして、これもきわめて自然に、「ありがとう。ありがとうございました」と、繰り返し叫びながら、両手の拳を握って振り下ろし、さらに大粒の涙を流しながら口もとを崩して泣いていた。法悦の境地とはこういうことをいうのであろうか。

（武藤暢夫　二〇〇〇年　『四国歩き遍路の旅　定年三百万歩の再出発』　MBC21　三〇六頁）

２　行為と意識の融合

チクセントミハイがあげている行為と意識の融合とは、自分のしていることにあまりにも深く没入しているので、その活動が自然発生的でほとんど自動的になり、現在行っている行為から切り離された自分自身を意識することがなくなることをいう（チクセントミハイ　邦訳一九九〇：六七）。

歩き遍路では、体調が安定し、今歩いている道が間違いないとの確信があれば、歩く行為と意識の融合が起こり得るだろう。次のような記述が見られる。

（引用（２）一・二）

歩くこと以外は、一切頭の中から消えていく。

（金子正彦　二〇〇四年『四国お遍路旅物語　風とともにひたすらに』文芸社　二〇〇頁）

（引用（２）一・三）

ただひたすら歩いている時は、いつのまにか頭の中も心も空っぽとなり、ただ足だけが動いている。」

（金田正　二〇〇六年『四国はこころのホスピタル　遍路の旅で見えてきたもの』新風社　七八頁）

（引用（２）一・四）

山中、やがて音が聞こえなくなる。眼に何も映らなくなる。音は聞こえているし、なにかを見てはいるのだろうが、意識に何も昇ってこない。なにも考えない、感じない状態になって歩く。

（原田伸夫　一九九九年『還暦のにわかおへんろ　三五日・一二〇〇キロを歩いて私が見つけたもの』新風書房　三三頁）

しかしながら、さまざまな不安要因があって、歩くこと自体に没入できない場合には、行為と意識の融合は起こらない。

（引用（2）一・五）

一人で歩く時は考え事などできない。マークを見落とさないこと、道を間違えないこと、予定どおり時間内に着くかどうかの心配などで、のんびりできるゆとりがない。

（大坪忠義　二〇〇四年『感動の四国遍路　真夏の一三〇〇キロ通し打ち』海鳴社　八二―三頁）

（引用（2）一・六）

歩くのに精一杯で、自分の内側を見つめているヒマなんか全然ないじゃないか

（高田京子　二〇〇〇年『ある日突然、お遍路さん　四国八十八カ所めぐり』JTB　三一頁）

四国の遍路道は単純ではなく、道を間違わないために自分の歩いている行為を意識と融合させて自動的なものにできない場合がある。特に入り組んだ住宅地や古い町並みなどにおいては、へんろみち保存協力会が指し示す道標マークや地図による案内が、地形に応じて複雑な指示をしており、ルートを外さないために注意を怠らず視線を変化させなければならない。

そのような注意を要する場合はあるが、見通しのきく穏やかな道も数多くあり、歩くことに没入して行為

と意識の融合が生じる機会があるだろう。たとえば焼山寺や雲辺寺など山深いところにあり札所へとつながっている遍路道は、ただ歩くことに没入して行為と意識の融合ができる場所である。

3 明瞭な目標

フロー体験に完全に没入できるのは、目標が明瞭であるからである。歩き遍路の場合、目標は極めて明瞭で、八八か所の札所を巡拝するということである。

（引用（2）一・七）

短かったような、長かったような三五日であった。八八番までなんとか辿り着きたい、なんとしても歩かねばならない、使命感のようなものに駆られて歩いてきた。

（原田伸夫　一九九九年『還暦のにわかおへんろ　三五日・一二〇〇キロを歩いて私が見つけたもの』新風書房　二一八頁）

全体の目標はそうであるが、日々の目標は、札所目指して歩き、札所で参詣することである。遍路の時間の大部分は歩くことに費やされており、その日の目的地に向けて歩くのみである。

（引用（2）一・八）

バスツア遍路にとっては札所は目的であって、道中は退屈なもの、無駄なものとしてあるのかもしれない。ところが、歩き続ける遍路にとっては、札所のお寺は目標として歩きこそすれ、もはや寺そのものは目的ではなくなる。歩きそのものが仏の道の修行であって、その過程こそが目的であり、道中に寺が点として存在する日もあれば、ない日もあるに過ぎない。遍路という行為そのものが目的なのである。

（仲川忠道　二〇〇七年『退職したらお遍路に行こう』星雲社　四五、六頁）

札所に行くことだけが目的ではなく、そこを目指して歩くことそれ自体が大きな意味のあることとして認識され、歩く過程も大切な目的として理解されている。

4　直接的なフィードバックがあること

目標を達成できたということが明瞭にわかることが、直接的なフィードバックとなる。たとえばテニスプレイヤーはボールを相手のコートに打ち込むことが目標であり、それはボールを打つごとにうまくいったかどうかがわかり、それが直接的なフィードバックとなる。

全行程を歩ききって八八番大窪寺で納経を済ませた時には、見事達成したという感慨が湧いてくるだろう。納経帳のすべての箇所に墨書朱印が入っているのを見る時、すべての札所を巡拝したという強力なフィードバックをもたらすであろう。

また歩き遍路の道中では、その日歩いた行程と巡拝した札所が明瞭で、遍路地図を見ればどれだけの距離を歩いたか、それが全体のどれだけであるかがわかり、無事宿泊地に着くことができれば、それが日々の歩き遍路のフィードバックとなる。

5　今していることへの注意集中

チクセントミハイによると、通常の日常生活では、我々が望まないのに意識に侵入してくる考え事や心配事の餌食になって、最適経験が実感できないでいるという（チクセントミハイ　邦訳一九九〇：七四）。目標に向けての行動においては、一時的な注意集中が重要ではあるが、より重要なことは高度に精選された情報しか意識に入ることができないということである。バスケット競技者はゲームが始まった途端、通常の生活において心を攪乱し続ける思考は一時的に中断され、心の中はゲームのことでいっぱいになる。歩き遍路においても、これまでの生活にかかわる雑念を排して、今していることに注意を集中する機会はしばしば訪れ、そのような場面の記述は多く見られる。

（引用（2）一・九）

へんろが、毎日、今歩く事の一点に集中する事の素晴らしさは、何物にも替えられない。通常の日常生活ではありえない。仮に、心に悩みがあっても、苦しさに打ち勝って歩くことに専念すれば、悩みは薄らぎ新しい自分発見の糸口になるように思える。

（寺門修　二〇〇一年　『「百八十五万歩」の旅』文芸社　二四九頁）

そして、歩きの調子がよくなってくると、感情が高まっていく。

（引用（2）一・一〇）

四国のお遍路の日々は、お遍路さんになりきっていた。遍路装束に整え、毎日極限近くまで歩き、他のお遍路さんと競うように勤行を上げた。おそらく気持ちがクライマーズハイならぬ「お遍路ハイ」の状態にあったのだと思う。

（木下徳生　二〇一〇年　『四国お遍路まんだら』　尾張屋印刷所　一七二頁）

（引用（2）一・一二）

「お遍路ハイ」―痛い筈の足が、急に羽でも生えたかのようにぐんぐん進む。

（杉山久子　二〇一一年　『行かねばなるまい』　創風社出版　一五二頁）

歩き遍路していることへ注意が集中して、他の雑念がなくなり、気分が高揚している時を「お遍路ハイ」と表現している。この時は、最適経験の状態にあるだろう。

6　統制の逆説

チクセントミハイによると、楽しい経験は自分の行為を統制しているという感覚を伴う。最適経験は統制感をともった状態―より正確には、通常の多くの生活状況で典型的に現れる統制喪失の懸念が欠如している状態と言うことができる。ロッククライミングやハンググライダーなどにおいて特徴的なことは、楽しさが危険からではなく、危険を最小にする能力から引き出されているということである。人々が楽しむのは統制されているという感覚ではなく、困難な状況の中で統制を行っているという感覚なのである（チクセントミハイ　邦訳一九九〇：七六、七）。

歩き遍路は、ロッククライミングほどの危険が潜在しているわけではないが、「遍路ころがし」と呼ばれるような苦しい山道や、足摺岬に至る伊豆田峠の旧遍路道を行く場合などが、ここでの「統制の逆説」にあたるだろう。きびしい状況の中で危険を最小にして無事乗り切った際には、自分の身体をコントロールできたという最適経験が実感される。

ただこうした危険を最小にする統制感による最適経験は、歩き遍路では少ないだろう。そうではあるが危険な場所でなくとも、遍路者自身が、高齢であるとか、障害があるとか、長く歩いて足を痛めている状態にある場合、そのもとでそれぞれの困難を最小にして、自己の身体をコントロールして長い行程を歩ききり、札所に着いて参詣できた時、最適経験を味わうことができる。

7　自意識の喪失

「自意識の喪失は自己の喪失ではなく、もちろん意識の喪失でもない。それは、より正確には、自己という意識の喪失にしかすぎない。意識閾から滑り落ちるのは自己という概念、つまり自分がだれであるかを自分に示すために利用する情報である。そして、自分がだれであるかを一時的に忘れることができるということは、非常に楽しいことのように思われる」とチクセントミハイはいう（チクセントミハイ　邦訳一九九〇：八二）。遍路道を歩いている際においても、そのような状態は訪れる。

（引用（2）一・一二）

実際に遍路道を歩いてみて、歩きながら人生の来し方行く末を考えることもあったが、なにも考えず頭のなかを空っぽにしている時間の方が多かった。山中、まったく人気のない道をひとり歩いている時など、すべてが空っぽだ。「無」に近い空白の時間を過ごしていた。

（原田伸夫　一九九九年　『還暦のにわかおへんろ―三五日・一二〇〇キロを歩いて私が見つけたもの』新風書房　二二六頁）


山中の全く人気のない遍路道をひたすら歩くことは、自己という意識を一時的に忘れる「没我の境地」に至る場合があるだろう。それは、ロッククライミングやスカイダイビングなどで最も味わうことができるであろうが、そうした特殊な環境に身を置かずとも、非日常的行為としての歩き遍路の状態により、経験することは可能であろう。

8　時間の変換

チクセントミハイによると、最適経験について最も多く述べられることの一つは、時間が普通とは異なる速さで進むということである。ほとんどのフロー活動は時計に依存しない。野球にみるように彼らは彼ら自身のペースを持ち、さまざまな継続間隔で一つの状態から他の状態へという経緯をたどりながら、彼ら自身の試合を連続させている（チクセントミハイ　邦訳一九九〇：八四、五）。

歩き遍路において、「お遍路ハイ」のように快調に進める際には時間の経過の感覚が変わることがあるだろう。それだけでなく、時間に対する評価が変わったり過ごした時間を大切に思う気持ちが四国遍路巡拝記では語られている。

（引用（２）一・一三）

歩き遍路が贅沢といわれるいちばんの理由は「時間の贅沢」である。八八か寺、千四百キロをバスなら二週間たらずで回れるが、歩くとなれば健脚でも四〇日以上を要する。このスピード時代に乗り物を一切使わずに、二本の足でとぼとぼ歩こうというのだから時間の使い方としては、これ以上の贅沢はないのかもしれない。

（原田伸夫　一九九九年　『還暦のにわかおへんろ　三五日・一二〇〇キロを歩いて私が見つけたもの』　新風書房　二、三頁）

誰しも車やバスで早く行こうと考えるスピード時代に、全行程を四〇日程度かけて歩いて行くのは、一見時間の無駄だと思われそうだが、そのような時代だからこそ、自分の二本の足でしっかりと大地を歩く時間は、「時間の贅沢」だと表現している。

（引用（２）一・一四）

結願しもう歩かなくていい、いや、もう歩けないという寂しさだった。

（福島明子　二〇〇四年　『大師の懐を歩く　―それぞれの遍路物語』　風間書房　三頁）

遍路が最終地点に着いて終わってしまうのを、もう歩けないという寂しさと表現している。これまでずっと歩いてきた苦しい遍路の時を、やっと終えることができるという思いは自然の感情であるが、逆に苦しくも充実した時間を惜しむ気持ちの方が強いことを述べている。

チクセントミハイが言う最適経験は、行為をしている最中に充実感を感じる体験をとらえようとしている。八八か所の札所をすべて巡拝した時の瞬間は、達成感を感じてフローの状態になると言えようが、むしろその過程にあたる一日一日歩いている時の方が、最適経験の要素を満たしている。札所に向けて日々歩く行為は、先述したように最適経験の要素を満たす機会を備えているが、とりわけ、「行為と意識の融合」、「今していることへの注意の集中」、「自意識の喪失」は、快調に歩いている際の「お遍路ハイ」と呼ばれている状態に見られるだろう。

遍路に出ることは、過去の日常生活から一端離れることであり、心配事や悩みがあってもそこから距離を置いて冷静に捉える、あるいは一時的にそれらを忘れ去り、札所目指して身体的運動を繰り返すことで、日常とは異なる「目標」に向かって「注意の集中」を行う挑戦的活動である。最適経験としての「お遍路ハイ」は、個人の能力と自分が決めた挑戦とのバランスがとれ、歩く行為と意識が融合したものになり、自意識の喪失が生じるほど集中できた時に発生する。

このように歩き遍路は、最適経験を実感する機会の多い行為だと言えるが、それは四国遍路がゆるい巡礼であるという自由度の高い枠組みであるがゆえに、各人に相応の挑戦的活動が可能となるようにできているからである。

（2）歩き遍路の内省

歩き遍路を最適経験としてとらえるのは身体を動かす運動面についてであったが、それとは別に、歩き遍路をしている時の内省にかかわることがある。遍路途中で歩くこと自体に思いを巡らしたり、周りの自然と一体化するのを感じることがある。そのような歩いている間に起こる自己への内省は、最適経験の「行為と意識の融合」や「自意識の喪失」とは異なり、身体活動にかかわる充実感や恍惚感を生みだすのではなく、歩くことに肯定的イメージを抱いたり、自己の内面をじっくり見つめたり瞑想にふけったりする、自己の心象風景に沈潜することである。以下、そのことを書いているものを見てみよう。

1　歩くことの肯定的イメージ

遍路の最中に、今こうして歩いていることについて思いを巡らすことがある。

（引用（２）二・一）

私もはじめは巡礼という行為に負のイメージを抱いていた。だが、実行してみると、イメージとは逆になんとも健やかで明るいのだ。一歩ごとに心身の自然治癒力が引き出されてくるのだろうか。…　歩くほどにそれが強くなり、いつしか心中が正の感情に置き換わっていることに気づく。生の肯定感といってもよい。自信とも自己愛ともいえる感覚に包まれ、必然的に他者へのまなざしも優しくなっている。

（森山透　二〇〇四年『巡礼やすらぎの旅』PHP研究所　七一頁）

歩くことによって、心身の自然治癒力が引き出されて、心の中に生きていることの肯定感が生まれ、それが自信や自己愛の感覚に包まれて余裕ができ、そこから他者へのまなざしも優しくなるという。

（引用（２）二・二）

「もっとも基本的かつシンプルな行動を、一日中、ただひたすら続けるだけで、深い精神世界に引き込まれる事実に驚きとともに大きな喜びを感じた。」
（森哲志　二〇〇九年『男は遍路に立ち向かえ』長崎出版　三頁）

これまでずっとかかわってきた日常生活や仕事から離れて、遍路道を一日中ひたすら歩き続けることで、深い精神世界に引き込まれ大きな喜びを感じたという。

歩き遍路をすることが、健やかで明るい気分になり、歩くほどに積極的な感情が生まれ、生きていることの肯定感が生じている。足の故障や心配事なく歩くことができれば、歩くことに没頭して生への肯定的イメージを持つことができる。

2　自然との一体化

自然と一体化するという思いは、四国遍路巡拝記においてさまざまに記述されている。

（引用（2）二・三）
「自分が、小鳥や草花と同じような一個の小さな生き物にすぎないことを自覚する。私という一個の小さな生き物が、自然そのものに近づいたことを感じる。」
（原田伸夫　一九九九年『還暦のにわかおへんろ　三五日・一二〇〇キロを歩いて私が見つけたもの』新風書房　三四頁）

（引用（２）二・四）

「多くの人が解脱・成長できるのは、…ひとえに豊かな自然の中に溶け込んで自ら汗をかいて何十日も歩き続ける、質素で原始的ともいえる単純な生活体験をするからだと私は確信している。」

（田口隆二　二〇〇二年『山屋の歩いた遍路道　四国霊場巡礼』文芸社　一八〇頁）

（引用（２）二・五）

「人は一人で生きているのではなく、いろいろな人たちと取り巻く自然（土地、植物、動物）があって、この世は成り立っている。」

（中谷勝春　二〇〇五年『この世はご縁の世界　四国八十八ヵ所遍路の記』文芸社　二二五頁）

こうした自分をとりまく自然と一体化する体験は、最適経験とみなしてよいように思われるが、チクセントミハイはこうした体験を例としてあげていない。自然との一体化は、ごく普通に広がる野山に溶け込むことを意味しており、自然に打ち克つとか征服するとかではなく、すぐれて日本的発想であると考えられる。次は、遍路で歩くことに迷いがないことを書いている。

（引用（２）二・六）

遍路とは心の奥深く大地から伝わる「響き」を聞き、それに呼応して歩くことであった。「私」はすでに自然と一体である。遍路は、「歩きに何の意味があるか」とは懐疑しない。有効な問は、「それでも歩き続けるか」だけである。歩くとなれば、「分岐路のどちらを歩くか」の如き技術的な問いしかない。それが「響き」のなかの問いである。そこに不信はない。あるのは自然への畏れだけである。したがって、問に惑うことはない。

「なぜ、歩くのか」と問うことはない。自然的思考では大地の「響き」にしたがうだけだからである。そこでは全的な肯定しか存在しえない。自然的思考は「生」のモードだからだ。

（熊倉伸宏　二〇一〇年『あそび遍路　大人の夏休み』講談社　一九一頁）

歩きの意味を問うのではなく、歩くことによって自然と一体となり大地の響きを聞くことで、全的な肯定感が生まれるのだという。

3　感謝の気持ち

四国遍路を終えて振り返った時、四国の人々の温かい出会いにふれて感動的な思いをしたことを綴る人が多い。おそらく、四国遍路巡拝記を書いた人は心に残る経験をした人がほとんどで、そのような経験がなく、途中で挫折した、あるいは人には語りたくないつらい経験をした人は四国遍路巡拝記の作者とはならないだろう。その意味で、四国遍路巡拝記は四国遍路を肯定的にとらえる人たちの記録であると言えよう。そのことを最も示しているのが、「感謝の気持ち」である。信仰心はないと書いている四国遍路巡拝記は多いが、「お大師様のおかげ」と感謝の気持ちを述べているものは多い。ここでは、四国遍路を終えた時の心境を語ったものを見てみよう。

（引用（2）二・七）

自分が唯、漫然と生きていくだけでも、多くの動物や植物の命を頂いている。自分一人が勝手に生きているものではない。人は諸々のものに生かされてもらっている、ということを意識するようになった。その事を含め、何事にも感謝の念を持つことの気持ちは遍路を回って徐徐にではあるが、持てるようになった。歩き遍路をしていれば、あちらこちらでお接待を受ける。その時もお接待をする人は「お接待をさせてください。」の言葉になっている。「お接待をします。」でも、その態度と心に差異は感じられない。お接待をする方に感謝と喜びの気持ちがあれば、受ける方は唯唯感謝するばかりである。別れれば、もう生涯会うことはないであろうこの遍路に。

（澁田保磨　二〇〇六年　『四国遍路道中記』　梓書院　一七六、七頁）

「お接待」をする側に感謝と喜びの気持ちがあり、それを受ける側も感謝の気持ちがあり、それが一期一会の出会いであると綴っている。

（引用（２）二・八）

このような暑さも風も上り坂も本当はつらく厳しいはずなのに、このように遍路道をひとり自分のペースで進んでいると、このままずっとこうして歩き続けていたくなるのはなぜだろう。一度遍路道を踏んだ人間が二度三度と歩きたくなるというのもまた、歩き遍路の経験のない人にとっては解せないところであろう。ところが一度でも歩いてみたことのある者には、これが理屈抜きで理解できてしまう。おそらくこうして歩いているんだという事実を目の前にして、今の自分が置かれた環境を感謝する気持ちが自然にわき出てくるからだろう。

（三浦素子　二〇〇七年　『すべるおへんろさん』　新風社　五五頁）

ここでは、つらく厳しい遍路を自分のペースで歩き続けることができているのは、そのような状態を可能にしてくれている人や環境によるもので、そのことへ感謝する気持ちが示されている。

（3） 人との交流

歩き遍路は、巡拝する道程のさまざまな場面でその土地の人たちと交流する。四国の農山村では見知らぬ人と道で出会った時、挨拶や会釈を交わすことが多い。相手がお遍路さんであればなおさらである。とりわけ、地元の人による「お接待」は、歩き遍路にとって非常に大きなインパクトがある。また、歩き遍路同士の交流も盛んである。人との出会いに関して、四国遍路巡拝記で頻繁に述べられていることには、1、四国の人の優しさ、2、「お接待」、3、遍路仲間との交流がある。以下それらについて、見てみよう。

1　四国の人の優しさ

四国の遍路道を歩いていると、出会った人が挨拶や励ましの言葉をかけてくれることが多い。

（引用（2）三・一）

「体が疲れてきた時、明るい挨拶や励ましの言葉は、疲れを忘れさせてくれる。」

（宇野恭夫　二〇〇〇年『お四国　四国八十八ヵ所歩き遍路の記録』文芸社　一二三頁）

（引用（2）三・二）

「途中くじけそうになる気持ちを支えてくれたのは、出会った人の励ましであった。

（小野田隆　二〇〇二年『風と尺八　遍路旅』ＭＢＣ21　九一頁）

励ましの言葉をかけられると、疲れを忘れさせてくれたり、くじけそうになる気持ちを奮い立たせてくれたりする。

歩いていると、子どもたちも元気に声をかけてくれたりする。

（引用（2）三・三）

先に出た園児の列を追い抜く私を、園児たちは興味津々に見ているようでした。それに気付いた先生は笑顔をつくり、「ほら、遍路さんが行きますよ。みんなで応援しましょう」というと、口に手を当てて、「頑張って」と大声をあげました。すると園児たちも全員で、「ガンバって」と黄色い声をあげました。ちょっと照れくさくなった私は、後ろ向きで手を高くつき上げ左右に振りました。四国の子たちは、こうして、小さいときから遍路さんを大切にする心を教えられているんだなあと思いました。

（佐藤四郎　二〇一一年『四国お遍路走り旅』幻冬舎ルネッサンス　一六四、五頁）

先生の先導によってであるが、大勢の園児たちの励ましの声援は遍路者にとってうれしいことであろう。声をかけてくれたことに対して、手を振って答えている。

（引用（2）三・四）

「弱ったなあ」地図をみても方向がよく分からず、途方にくれる。「仕方ない。こっちかな？」あてずっぽうに歩き出すと、後ろでクラクションが鳴った。振り返ると、軽トラックの運転席からおじさんが顔を出し、進むべき方向を手で示してくれた。手を振ってお礼を言う。なんとすばらしいタイミング。

するとと今度は荷車を押したおばあちゃんに出会った。「この先、道が二つに分かれるけど、必ず右側へ行きなさい」「ありがとうございます」こういうことが続くと、「やっぱり一人じゃないなあ、お大師さんと二人で歩いているんだなあ」と思う。信仰心なんか全然ない私だが、自然にお大師さんに手を合わせたくなる。

（佐藤光代　二〇〇五年『私のお遍路日記―歩いて回る四国８８カ所』西日本出版社　二〇八頁）

いろいろな人が進むべき道を親切に教えてくれる。そのタイミングのよさに、お大師さんと歩いているような気になる。このように、四国の人は遍路者に温かく接しており、その優しさを遍路者はありがたいものと受け止めている。

話しかけられたり励まされることに対して、次のように書いている人がいる。

（引用（2）三・五）

（喫茶店で話しかけてきた中年男性に対して）「四国の方は皆さんとても親切で、道を尋ねても嫌な顔一つしないで、仕事の手を休めて教えてくださるから、おかげで迷わず楽しく歩くことができているんです」と話すと、急に真顔になって、「自分も行きたいという、自分の姿をお遍路さんに映しよるんじゃないですかね」と答えた。本当は、この人も行きたいと願っているのだろう。こうした喫茶店でもよく話しかけられ、励まされることが多い。四国では「八八か所」をキーワードにして、見知らぬ者同士がたちまち旧知の仲になってしまう。私たち歩き遍路は、人々の心の底にひっそりと眠っている夢を揺り起こしてしまうらしい。

（細谷昌子　一九九九年『詩国へんろ記八十八カ所ひとり歩き』新評論　一九五頁）

四国の人の中には、自分も遍路に行きたいという思いが心の底にあって、遍路者に親切にしたり励ましたりするのではないかと書いている。四国では「八八か所」をキーワードとして共通の話題で話をすることができ、見知らぬ者同士でも親しくなれるという。都会では仕事やニュースのことなど話題となる関心事は尽きず、めまぐるしく変わっていくが、四国の地では遍路が共通の話題として多くの人々に共有されているのであろう。

2 「お接待」

「お接待」については第一章で詳しくふれているので、ここでは、歩き遍路を振り返って「お接待」を回想しているものを掲げる。

（引用（2）三・六）

歩き遍路と、ハイキングや東海道徒歩旅行などとの差がどこにあるのか。それは、歩き遍路が、（お四国）という独特の空間を共有する四国の人々との相互作用だという点だと思う。肉体的・精神的な負荷がかかった状態で、お接待などのもてなしを受け、さらには合掌されるという体験を通じて、自分自身が成長する気がする。

だから、同じ道を歩き、同じお寺でお参りするとしても、「遍路の姿」をしていなくては、「遍路体験」とはいえないと思う。周りの人々が遍路として認知してくれない限り、「お四国」独特の相互作用が生まれないからだ。「お四国」は観察するのでなく参加しなくてはならない。登場人物の一人にならなくてはならないのだ。

（串間洋　二〇〇三年　『お経を唱えたことのない人も四国遍路のはじめ方』　明日香出版社　五六、七頁）

歩き遍路は四国の遍路にかかわる空間を通過することで、登場人物の一人になり自分自身が成長できるという。ただし四国において「お接待」を受けるというような独特の出会いが生まれるためには、周囲の人が遍路者だと認知するために、遍路者が「遍路の姿」をしていなければいけないという。

3 遍路仲間との交流

歩き遍路の場合、特に全行程を続けて巡る「通し打ち」の場合、長い道のりを何日もかけて歩くので、歩き遍路同士がさまざまな場所で対面する機会が多くなる。出会った時には自然と会話が生まれる。

(引用 (2) 三・七)

お遍路同士の出会い、地元の人とのふれあい。遍路装束に身を包んでいればそれだけで仲間意識がわき、すぐに打ち解ける。相手が何者であるかは一切関係がない。こんな人間関係が、今の世の中どこにあるだろうか。

(横田賢一 二〇一〇年『風と歩けば―続・四国霊場四季暦』山陽新聞社 一七五頁)

遍路をしている間は、それぞれの人の出身や職業は全く関係ない。これほど平等で素朴な人間関係は、他にはないだろうと述べている。

(引用 (2) 三・八)

通常、東京での出会いでは人を理解するには多くの話し合いが必要になる。人それぞれが、あまりに個別的なのである。ところが、遍路では「私」と「相手」は語る以前に相手の言葉が読める。人と人とが心の奥、脚と四国の自然で通じ合っているからだ。

（熊倉伸宏　二〇一〇年『あそび遍路　大人の夏休み』講談社　一五八頁）

歩いて遍路をしている者同士では、脚と四国の自然で通じ合っているため、語る以前に相手の言葉が読めるという。同じ苦しみを共有し同じものを目指しているということもあり、仲間意識がわきすぐに打ち解けることができ、遍路ならではの人間関係ができあがる。次も、同じ歩き遍路の仲間意識を表現している。

（引用（２）三・九）

境内のベンチで足を休めながら、今日の余韻に浸ることしばし。「大丈夫？疲れているんじゃない？」と問いかける声がした。俯きかげんで座っていたので、心配してくれたのだろうか。顔を上げると、目の前に中年の男性が立っていた。「あなたとは、ときどきすれ違いながら来たんだけど、分かる？」ああ、あの方か。私も、その男性の顔には見覚えがあった。延光寺に向かう山越えで抜かしっこをした方だ。「だいぶ四国の埃がついたみたいだね」そう言われ、再び彼を見上げた。折から、少し風が出ていた。私と彼との間にも、一陣の風が吹き過ぎていった。

私たちは、自然と微笑を交わし合った。何だか、人間が分かり合った瞬間を見たような気がした。私たちの間にあった一メートルほどの空間は、ただの空間ではなかった。印象派の絵のように、形状の定まらない色のうねりのようであった。その中に、「私」も「彼」も、ふっと現れ、そしてまた、背景に融け込んでしまうかのようだった。それと同時に、敬意と充足感が私たちを浸していた。ああ、「親密さ」というのはこういうことなのだな。これまで、我をぶつけ合える、無礼で気楽な関係を築くことはあったが、真に親密な関係を体験したことはなかったのかもしれない。「私」「あなた」という区別のない地平に立脚して、しかも、互いに礼節をもって遇するというあり方こそ、誤解を恐れずに言えば、我々の本性に随った親密さなのではあるまいか。

この満ち足りた数刹那は、私の錯覚だったのかもしれない。まあ、遍路行も終盤になると、お遍路さん同士、知らぬ仲でも容易に仲間意識が芽生えてくるのである。これまでの道行きを振り返り、「お互いによく歩いてきたなあ」と労いたくなる。「お互いに、ですね」私たちは、再び破顔すると、またお互い別の道を歩き始めた。もう、彼とは二度と出会うこともないだろう。しかし、わずか数分ではあったが、密々なる出会いであった。

(青野貴芳　二〇〇四年『四国巡礼葛藤記　駆け出し僧侶が歩いた四国八十八カ所』鈴木出版　二一七、八頁)

同じ遍路道を抜きつ抜かれつ歩いてきた人と、ほんのわずかな会話を交わしただけだが、お遍路さん同士の仲間意識が芽生え、「人間がわかり合った」と思える親密な瞬間が持てたことを書いている。こうした出会いは、遍路の中でも素晴らしい瞬間として、永く記憶に残るだろう。

(4)　歩き遍路を繰り返す人たち

1　最近の職業遍路

歩き遍路の中には、経済的事情や家庭環境などによりこれまで生活してきた土地から離れ、四国遍路を繰り返す人たちがいる。彼らは「職業遍路」と呼ばれる人たちで、善根宿や通夜堂を利用または野宿し、生活・生存するために「お接待」ないしは「托鉢」という手段を利用して遍路を続ける。遍路を長期に続けるので財力に乏しく、遍路者の側から「お接待」を求めたりするので、その行為は、托鉢と同種の行為となる。托鉢とは、一般的には「修行僧が、各戸で布施される米銭を鉄鉢で受けてまわること」（『広辞苑　第七版』）であり、宗教的修行のために人の家の前に立って施しの米や金銭を受けて回るのである。職業遍路と呼ばれる人たちが、托鉢と同じ行為を、生活・生存のために行っているのか、宗教的修行のために行っているのかは、区別がつきにくいであろう。

さらに四国遍路には、身体的ハンディキャップや難病に苦しむ「病気遍路」がいて、星野によると、ハンセン病患者の遍路姿は昭和一〇年代頃まで四国ではごく日常茶飯事であったという（星野・浅川二〇一一：五八）。こうした職業遍路や病気遍路はその後減少し、「日本社会の現代化の流れのなかで、遍路者はおもむきを変え、大多数の遍路者が、主体的な動機のもとに遍路を行う」（長田・坂田・関二〇〇三：三二八、九）ようになっていった。

一九八〇年代以降に出版された四国遍路巡拝記においても、職業遍路に関する事例はわずかしか登場しない。次はそのような事例である。

（引用（2）四・一）

どろどろに汚れた白衣に肩から腰に大きなごみ袋を三個ぶら下げ、体のまわりにもうもうと陰惨がたちこめた七〇歳くらいの職業へんろに、突然、幽霊のような声を掛けられた。「千円お接待してください」僕は息を忘れるような驚きをおぼえた。一瞬戸惑ったが、有無を言わせないその異様な風体に、「はっ、はい、ご苦労様です」と、はじめてお接待する側になってお金を渡していた。職業へんろは、「なむだいしへんじょうこんごうー、なむだいしへんじょうこんごうー」抑揚のない調子で大師号を唱え合掌すると、こうもり傘を金剛杖の代わりに突き、ペンギンのように少しずつ足を前に出して去って行った。
（西谷尚　二〇〇二年『祈りたかった』健友館　一八一頁）

この著者西谷が遍路をしたのは一九九八年のことで、その当時七〇歳くらいのどろどろに汚れた白衣の職業遍路がいて、おそらくその日飲み食いするお金にも欠いていたのであろう、彼から千円の喜捨を乞われ、その異様な風貌に圧倒されて「お接待」したことを書いている。こうした身なりの職業遍路は、前述の病気遍路とともに今日ほとんど姿を見ることがない。

浅川泰宏は、札所を巡る人たちの中で、信仰の希薄さ、不衛生さ、強欲さなどによって特徴づけられる「ヘンド」と、しばしば本物の巡礼者と理解される「オヘンロサン」とを対比しながら、「ヘンド」の事例を挙げて論じている（浅川　二〇〇八：三二九―四〇一）。そこでは「ヘンド」概念は過去の遺物なのではなく、現代においても存続するものであると述べている。前述の事例で示した職業遍路が、「ヘンド」に相当するかどうかは微妙なところであろう。現代においてもそのような人たちがいるかもしれないが、非常に少なくなっていると見られる。四国遍路巡拝記においてもそのような記述は見当たらず、二〇〇六年より一週間程度八回実施した繁多寺調査においてもそのような存在をとらえることはできなかった。

しかし、さまざまな事情から、それぞれの人に営まれていた遍路前の生活には戻らず、四国の遍路道を際限なく歩き続けている人がいる。次はそのような事例である。

（引用（2）四・二）

（内子町小田の道の駅で）歩き遍路の同年配の男性がいる。「どこからですか」と声をかける。「ウーン」。

何か変だ。「何回目ですか」「平成一一（一九九九）年から回っている。ズーッと」「エッ」、「一一回までは数えたが、後は…」。托鉢で暮らしているのか。よく見るとリュックのほかに、車輪付きの大きなバッグを持っている。「修行のつもりなんですが…」「私みたいな者が二、三〇人はいますよ」とも。こういう人が今もいるのだ。

（岸本隆三　二〇一七年『歩き遍路の旅』海鳥社　一四五頁）

この著者岸本が四国遍路をしたのは二〇一六年で、道の駅で出会った遍路者は、（引用（2）四・一）の事例のような職業遍路の不気味さはないが、車輪付きの大きなバッグを持ちエンドレスで札所を巡拝しているという。そのような人がなお二、三〇人いると話している。かつてハンセン氏病のために故郷に居れなくなって遍路し続けるとか、さまざまな事情で居場所を持てない人が遍路に死に場所を求めるといったケースは、今日ほとんど見ることができなくなったが、それでも上記の例のように際限なく遍路を続ける人たちが少数ながら存在している。

2　遍路者による托鉢

四国遍路においては修行僧に限らず、一般の歩き遍路の人にも修行の一つとして托鉢を行うべきだという考えがある。宮﨑建樹は、『四国遍路ひとり歩き同行二人　解説編（第八版）』において、托鉢について述べている。それによると、托鉢は昔から遍路者にとって最後の修行であるとされ、「ご修行」として道中に托鉢をすることが義務であったという。「托鉢は、遍路に同道して下さるお大師様の『功徳』が衆生に及ぶように、戸口に立ち読経してその家の先祖を供養し、家族の幸福を祈る「布施の修行」であるとともに、衆生のもつ物欲・財欲の執着の心を捨てさせる機会をつくってあげる―善根を積む機会を与えてあげる「法施《ほっせ》の修行」である」という（宮﨑　一九九〇：三四）。宮﨑はこの托鉢の実践を避けて通ることは望ましくないとしている。

しかし、今日托鉢を四国遍路に必要な修行の一つとして実行している人は少ないであろう。四国遍路巡拝記を見てみると、専門の僧侶のみが托鉢を行うだけで、ほとんどの人が行っていない。托鉢どころか、逆に金品を贈与される「お接待」を初めて経験して戸惑っているのは、第一章で見たとおりである。

本書で対象とした四国遍路巡拝記（一九一冊）のうち、托鉢を行っている人は五人で、そのうち四人が四国遍路を修行で行っている僧侶であった。托鉢は歩き遍路をする僧侶の修行の一つとして、少数ながら現在も行われている。次は、若い僧侶が托鉢を行って書いた文章である。

（引用（2）四・三）

いよいよ托鉢に取りかかることにした。一軒目は中華料理店であった。が、お経を読んでも、誰も中から出てこない。お経も読み終わったので次に移ろうとすると、「お坊さん！ちょっと待って！」と、中から店員が追いかけてきた。「ご苦労さまです。ありがとうね」と言って、ご喜捨してくださった。

お布施してくださる方の態度は、本当にいろいろなものがある。「しょうがないからくれてやる」とか「やったから早くどこかへ行ってくれ」と言いたげな方から、手に数珠をかけて、合掌したまま熱心にお経を聞いている方までさまざまである。しかし、お四国では、たいていの方が『ありがとうございました』と言ってくださる。お経の文句は、誰が読んでも悟りの功徳が現れているはずだが、修行未熟な私は、托鉢していても、単に物乞いをしているような後ろめたさが　払拭できない。しかし、お礼を言ってくださると、自信がついて嬉しいものである。これは、地元の人が托鉢慣れしているお四国ならではであろう。

（青野貴芳　二〇〇四年『四国巡礼葛藤記　駆け出し僧侶が歩いた四国八十八カ所』鈴木出版　九五、六頁）

若い僧侶の托鉢に対する思いが語られている。未熟であるがゆえ物乞いをしているという後ろめたさが払拭できないと、率直な心情が吐露されているが、四国の人はたいていの方が「ありがとう」と言ってくださり、自信がついてうれしいと書いている。

托鉢をするのは僧侶に多いが、一般の人が托鉢を行っている場合が四国遍路巡拝記で紹介されている。それは、別格第四番札所鯖大師の住職が主催する「歩くお遍路　満足行」において行われているものである。満足行は、四国八十八ヶ所霊場を歩いて巡拝する修行を団体で行うもので、一般の参加者を募り、年三回区切りうちを行い二年で結願するというものである。（二〇一三年までで一五回実施されているが、その後は行われていない。）参加した伊藤まさのは、その時の托鉢の様子を次のように書いている。

（引用（2）四・四）

佐喜浜町で班毎に別れて托鉢をする。ある家ではおばあちゃんが小さな子供を三人連れて拝みに出てくれた。そうして千円お接待まで戴いた。

（伊藤まさの　一九九七年『四国霊場満足行日記』新風社　四四頁）

満足行を主催した住職の計らいで民家を訪問し、民家の人も賛同してくれて千円の「お接待」をいただいている。修行としての托鉢がうまくいった例であろう。

このような托鉢もあるが、宗教的理由によらない托鉢は、金品目当ての托鉢がほとんどであろう。遍路する者の財力が乏しい場合、修行のことなど度外視して生存のための必要性に迫られて、托鉢を行うこととなる。実際過去にはそのような托鉢が行われていた。

次は、托鉢と「お接待」との微妙な関係を示している事例である。

(引用(2)四・五)

そこは古く汚い農家で、どうしようか迷ったが、またお大師さんが「早く来い!」と俺を呼んでる気がして、とにかく戸口に立ち般若心経を唱えはじめた。すると、「ああっ、やっとお大師さんが来てくれた。どうぞ中へ入ってくださいお大師さん中へ」と、戸口の向こう側で拝むような声が聞こえてきた。おそるおそる戸を開けると、土間に座り込んだ八十歳くらいのお婆さんがボロボロ涙をこぼし俺を見て拝んでいる。…

「わたしはな、足が悪うてお参りしとうても寺まで歩かれへん、お大師さんに頭も下げられへん。村には毎日お坊さんが托鉢に来るのに、ここまでは上がって来てくれへん。それでも托鉢に来たら渡すつもりで毎日小銭用意して待っとったんじゃ。今日も、お大師さんが来てくれますよう拝んでたら、あんたが来てくれた。あんたがほんとうのお大師さんじゃ、ああ、ありがたいありがたい。なむだいしへんじょうこんごう、なむだいしへんじょうこんごう。」… こういってお婆さんは俺にすがるように頭を下げたあと、十年間貯めてたという小銭を袋に入れてくれた。暗くなって山を下り、街灯で小銭を数えると五万円あったんだ。

誰も行かない家にお大師さんに導かれ托鉢に行った。お婆さんもありがたがって拝んでくれた。それから、托鉢するのは人助けと思うようになった。お大師さんを待ってる人がいる。俺を待ってる人がいるんだと胸が張れるようになったんだ。

(西谷尚　二〇〇二年『祈りたかった』健友館　一九五、六頁)

おばあさんは、本来であれば、寺まで行って遍路者に「お接待」したいのだが、足が悪いためにそれができないので、遍路者が自分の家まで托鉢に来てくれることを待ち望んでいる。そこへ、般若心経を唱える人が現れたので、お大師さんが来てくれたと感謝し、集めた小銭を喜捨している。

これは一般的に見ると、托鉢が行われそれに答えた事例となるであろうが、おばあさんは求められて喜捨したというよりは、遍路者に対して自発的に「お接待」したいという願望を強く抱いていたことから、「お接待」と托鉢がみごとに一致したケースである。従って、托鉢＝「お接待」が終了して、両者ともに大きな満足を得ることができた事例である。

托鉢を行った者は、おばあさんが「ありがたい、ありがたい」と感激してくれるのに出会って、托鉢するのは人助けと思うようになったと述べている。この場合、僧侶ではなく宗教心を持たない一般人が、修行や遍路を続けるためといった自分の必要性でなく、他者への人助けのために行うものとして、托鉢が理解されている。他者から贈与を受けることが、その他者の願望を満たすことであり、胸を張っていいことなのだと解釈している。これは贈与願望を持つ人がいて初めて成り立つことであり、その贈与願望はお大師様信仰によるものである。

最近では、遍路を続けるための糧を求めて托鉢を行うケースはほとんど見られなくなっているが、高齢の人においては、遍路者をお大師様の化身とみなして、「お接待」を望む場合があり、四国遍路の場でさまざまな人間模様が繰り広げられることとなる。

なお、歩き遍路の中には、外国人遍路が増加しており、香川県さぬき市の「おへんろ交流サロン」に立ち寄る外国人の統計においても増加傾向を示している。しかしながら、そのおへんろ交流サロンにおいて「二〇一九年秋までは多くの外国人お遍路さんが来ていましたが新型コロナウイルスの影響で今年に入ってから激減しています。」(http：//www.omotenashi88.net/list_henrotaishi.html　二〇二〇年7月一四日アクセス）と、事態の急変を知らせている。事態が終息した後、外国人遍路者の様相は大きく変わることが予想され、現時点で外国人遍路について言及することは控えたい。

（5）遍路道について

1　歩きたくない道

四国遍路巡拝記では遍路を終えて振り返った時、歩いた道についての思いや意見が述べられている。一般に上り下りの厳しい山道が、歩き遍路にとって大きな負担となるが、そうではないと書いている人がいる。

（引用（2）五・一）

「私にとっての最大の難所は山道でも急な上り坂でもなかった。「淀ヶ磯」のような、単調な国道である。」

（原田伸夫　一九九九年『還暦のにわかおへんろ　三五日・一二〇〇キロを歩いて私が見つけたもの』新風書房　四九頁）

淀ヶ磯は高知県東洋町にあり、室戸へ向かう国道五五号が通っている。国道の右側が山、左側が海でそれが延々と続く道を行かなければならず、その単調さに耐えられないのであろう、「私にとって最大の難所」だと書いている。

次も、大汗をかく急峻な山道を難所としてあげずに、別の場所を歩きたくないところだと書いている。

（引用（2）五・二）

こうしてみると、いわゆる「へんろころがし」はおおむね楽しいのである。真の敵は他にある。私が二度と歩きたくないと思った道を列挙すると、まず、徳島、松山、高松の市街地がある。市街地では、食べるところにも宿にも苦労しないが、お遍路に来てわざわざこんなところ歩きたくないと思った。

（宮田珠己　二〇一一年『だいたい四国八十八ヶ所』本の雑誌社　二五六頁）

都市部の市街地のようなところは、お遍路に来てわざわざ歩きたくないところだと書いている。次の札所へ行くためには、松山市（石手寺から太山寺の間）や高松市（一宮寺から屋島寺の間）の人通りが多く雑然とした町中を通過せざるを得ない。遍路装束で歩くと、どこか場違いな気がして歩きにくいのであろう。

（引用（2）五・三）

戦後の道路政策は、昔のへんろ道を破壊する歴史でもあった。…四国遍路にあこがれて来日する外国人の数はますますふえている。そういう人たちが国道をとらえて「世界最悪の巡礼の道」だといったとしてもふしぎはない。

（辰濃和男　二〇〇六年『歩き遍路』海竜社　二七八頁）

いわゆる「遍路ころがし」と呼ばれる山道は、高低差があり大汗かいて行かなければならない道であるが、昔ながらの遍路道を歩いているという気持ちになれ、周囲の自然に目を奪われることもあり、労力は必要だが歩きがいのある道である。それに対して、建物が雑然と建ち並び歩道と車道が混ざって段差があり、絶えず信号があって歩行を遮られ、右折左折の車に注意しないと行けない国道は、歩き遍路にとって決して楽しくはないであろう。

（引用（2）五・四）

歩き遍路にとって本当に怖いのはこの国道である。歩道のないところが大部分であり、ぼんやりしていると自動車に白衣もしくは雨合羽をひっかけられて、ひきずられる危険があるからだ。

（小林淳宏　一九九四年『定年からは同行二人　四国歩き遍路に何を見た』　一六二頁）

（引用（2）五・五）

四国を歩く間も、国道や県道、トンネル内で、身の危険を感じたことは数知れない。クルマの激しく行き交う道でも歩道は片側だけで、しばらく行くと途中で途切れ、今度は反対側になることはザラであり、白線だけ、もしくはそれさえない場合も多い。

（細谷昌子　一九九九年『詩国へんろ記八十八カ所ひとり歩き』　新評論　一九三頁）

市街地を外れても山中の峠を越えていく所で歩道のないところがあり、行き交う車と接触しないように注意して歩かなければならない国道がある。しかし、現在の四国で歩き遍路をする限り、そうした道を通らずに次の札所に行くことはできない。

そうした中で、改善されていると思われる点を上げると、山中でもともと狭い道路に歩道を川や海側に張り出して設置してある所がある。また、日和佐道路や須崎から四万十町までの国道のように、自動車専用道路が新たに開通することによって車の往来が激減し、不快度や危険さが軽減された所もある。（ただし、自動車専用道路の設置のために元々あった遍路道が変えられてしまった場所がある。）これらは全体から見れば部分的なものであるが、歩き遍路専用の道を新たに設置するというようなことは期待できない以上、歩きやすい歩道をこまめに設置するなど、地道な改善を期待するしかないであろう。

なお、トンネルを通過することに、暗い、歩道が狭くて危険だ、クルマの騒音が激しいと苦情を訴えている四国遍路巡拝記は多い。しかし、長いトンネルほど別に遍路道があり、多くの歩き遍路は最短距離の経路を行きたいがためにトンネルを通過するのであり、不満があればトンネルを回避すればよいであろう。

2　へんろみち保存協力会の営為

そうした中で、へんろみち保存協力会が地図や案内標識で歩きやすい道を指示していることは、歩き遍路に便利な情報を提供し、歩くことの不快さを低減することに貢献している。たとえば、前述の淀ヶ磯がある単調な国道五五号において、その南方の入来、佐喜浜、椎名、三津付近では、地図や道標・シールが国道を外れて細い道を行くよう指示しており、その道を行けば単調さを多少なりとも軽減することができる。もし道標やシールがなければ、その細い道が札所へ続く道だとみなすには大きなリスクが伴い、その道を行くことを躊躇するだろう。道標やシールがあれば、安心していけるのである。

道標は道の分岐する箇所に置かれ、シールは各所に多数貼られている。そのためへんろみち保存協力会のシールに頼るようになり、長く歩いてシールが見当たらないと、次第に不安になってくる。歩き遍路では、シールを見落とさないように、それらが多く貼られている交通標識の鉄柱、ガードレール、電柱などに絶えず目をやりつつ進まなければならない。遍路を進めるに連れて、へんろみち保存協力会の設定した道標やシールは、道に迷わないだけでなく自信を持って歩むことのできる指標となる。次は、そのことを語ったものである。

（引用（2）五・六）

一人歩きで一番困るのは、道に迷ってもだれも相談相手になってくれないことだった。目の前で道が分かれていても、「さて、一体どっちへ行ったもんかなあ」と独り言を言っても始まらない。そんな時はいつもへんろシールを頼りにしながら歩いてきた。それは歩き遍路でなければ分からないような目立たない場所に貼ってあるのだが、見つける度に、「おお、ここにあったか、よくぞ誰にも剥がされずにあってくれた」と感動したものだ。

（松坂義晃　一九九七年『空海の残した道　現代歩き遍路がそこに残したもの』新風舎　五三五、六頁）

へんろみち保存協力会代表の宮崎は、歩き遍路をしていてよく道に迷ったが、「岡山県鴨方町の愛宕山大師堂の道標には随分助けられた」（『いやしの道三〇〇里　愛媛新聞・平成一〇年五月一〇日』）と書いており、また一九八五年に四国遍路をした白石正雄は、焼山寺への山中で、愛宕大師堂の講連中がペンキ書きした標識が「案内役を務めてくれて心強い」（白石　一九八六：一一七）と書いていて、一九八七年よりはじまるへんろみち保存協力会の活動（森　二〇〇一：八五）以前には、上記の愛宕大師堂の標識や中務茂兵衛建立の遍路石などはあっても、詳しい道標や道しるべは少なく、歩き遍路は道に迷うことが多く難儀したであろう。へんろみち保存協力会による道標やシールにより、道に迷わない歩き遍路が可能となったのであり、その成果は宮崎らのボランティアによるものである。

(6)　歩き遍路の魅力と不満　まとめにかえて

この章では、四国遍路巡拝記から、現代の歩き遍路の様相について見てきた。そこでは、多くの人が定年退職を機に歩き遍路を始めていた。こうした人たちが、四国の山中や海辺の自然豊かな道、あるいは車の往来の激しい国道や県道を歩いて札所を巡っている。その過程で、チクセントミハイの言う「最適経験(フロー)」を経験することがあるだろう。活動しているその瞬間を充実していると感じる最適経験を味わうためには、歩くという行動がそれぞれの人の能力に応じた挑戦的活動であることが必要であるが、歩き遍路はそれを満たしている。なぜなら、四国遍路はいわゆる「ゆるい巡礼」であるため、時期に関係なく自分の体調や都合のよい時に始めることができ、出発はどこからでもいつ中断していつ再開してもよく、一二〇〇キロという長い歩行距離を自分の能力に合わせて割り振ることができるからである。

従って、年齢、性別、身体能力に合った遍路行程を、自分の体調に合わせて調整することができる。調子のよい時には最適経験の要素である「行為と意識の融合」、「今していることへの注意の集中」、「自意識の喪失」を体感することができ、さらに自分のペースを上げて「お遍路ハイ」を経験することもできる。人間の最も単純な身体的行動である「歩く」ということを生かして、最適経験を体感できるのであり、それを一日一日積み重ねて、最終的に八八か所の札所を巡拝して結願するという遍路過程で最高の最適経験を実感することができるのである。

歩き遍路の特徴の一つとして、歩き遍路時に歩くことや自己について考える内省経験がある。遍路道を歩くということは、健やかで明るく生への肯定感を持つことができる行為であり（引用（2）二・二）、また自然と一体化して、「心の奥深く大地から伝わる「響き」を聞き、それに呼応して歩く」（引用（2）二・六）ことができる。そうした経験は他の道を歩くことで経験することもできるが、四国の歩き遍路独自の内省は、弘法大師が修行をしたゆかりの地を巡る歴史に思いを馳せるとともに、そうしたゆかりの地を「歩いているんだという事実を目の前にして、今の自分が置かれた環境を感謝する気持ちが自然とわき出てくる」（引用（2）二・八）ことがある。「人は諸々のものに生かされてもらっている、ということを意識するようになった」（引用（2）二・七）という感謝の気持ちが、歩き遍路を経験してみてはじめて実感されたという記述は、多くの四国遍路巡拝記に見ることができる。感謝の気持ちが他の巡礼路であまり語られないとすれば、四国遍路における大師信仰の発想が、たとえ自覚的な信心の意識がなくても、歩き遍路をしている過程で次第に形成されていくのであろう。

そして、四国の人との交流は歩き遍路にとって大きな魅力である。まさに「お四国」という独特の空間を共有する四国の人々との相互作用が、「お接待」を中心として今も存在しているのである。そうした人々の行動を支えているのが、お大師信仰からなる慣習化した儀礼的習俗の存在であり、それは四国の人たちの遍路者への肯定的感情となり、遍路者を応援しようという行動として現れる。

第1章で言及したように、「お接待」という慣習的に継承されてきた儀礼的習俗が四国の地にあることによって、接待者と遍路者との対面的相互行為が生じて、親密なコミュニケーションを経験することが可能となる。四国遍路の伝統的なお大師信仰という正典的メッセージに従いつつ、ボランティア的な発想など現代的な要素を加味した「いま・ここ」の自己準拠的メッセージを含ませて、現代における純粋に親密な関係を可能にしているのが四国遍路、特に歩き遍路であろう。

遍路仲間との交流も、歩き遍路を続けていると、思い出深い経験となる。遍路姿になれば、職業、出身、年齢、性別を問わず平等で素朴な関係となり、同じ苦しみを共有し同じものを目指しているという仲間意識ができあがる。ベンチで足を休め合った時、短い時間であっても親密な関係の刹那を体験し、そのことが記憶に留められる（引用（２）三・九）。

四国遍路をする者の中でも、不衛生さや強欲さで特徴づけられる「ヘンド」や托鉢を繰り返す職業遍路の存在は、本書で対象としている一九八〇年以降出版の四国遍路巡拝記において、ほとんど登場しない。彼らは接待物に満足するまで家の前から退かないために「追い払うための接待」が行われ（浅川　二〇〇八：三七五）、遍路沿道の住民と摩擦を繰り返した時代があり、必ずしも遍路者に対して住民は友好的ではなかった時があるのであるが、そのような者がほとんどいなくなり、お大師様と遍路者は同行二人であるという伝承が継承され、今日ではそのイメージが人々に保持され、最近では「遍路姿をしている人は皆よい人なのだ」（引用（１）二・一）とみなされる傾向がある。

以上が歩き遍路の魅力であるが、これらとは反対に不満となるものに、歩いてきた道への苦情がある。（他には、札所や宿への苦情、自分の足の不調などがあげられる。）いわゆる「遍路ころがし」と呼ばれる急な山道には意外と不満は少なく、それよりも、自動車の往来の激しい国道や県道を歩くのが苦痛であると書く人が多い（引用（２）五・三、四、五）。山中の国道では歩道がなく車道自体も幅の狭い所があり、市街地の国道では歩道があっても段差があり、交差点で信号待ちが多く曲がる車に絶えず注意をしなければならない。歩き遍路をする限り、次の札所へ行くのに国道を通らざるを得ない場合があり、不快感が鬱積することとなる。こうした道は、遍路道全体の中でもかなりの距離になり、歩き遍路の魅力を減退させるものとなっている。

第３章　質問紙調査から見る現代の四国遍路

本章では、二〇〇六年より八回にわたって調査したデータを使用して、現代の四国遍路の実態と遍路をする人々の意識と行動を明らかにしようとする。第１章と第２章では四国遍路巡拝記を扱って質的な考察を行ったが、第３章では質問紙調査から得られたデータより量的な分析を行う。

（1）現代の四国遍路の実態

1　遍路する人々への目視調査

第五〇番札所繁多寺の山門付近で、遍路する人が札所で納経できる七時から一七時まで、二〇一一年調査

（表（3）一・一）　目視調査の遍路者・自動車・バス数

	2011年	2014年	2015年	2016年	2017年	2018年
実施延べ時間	67時間	59時間	59時間	57時間	60時間	60時間
実人数	1456	2578人	2282人	2083人	1522人	844人
60時間に換算した人数	1303.9	2621.7	2320.7人	2192.6人	1522人	844人
自動車数	408台	809台	909台	825台	519台	354台
60時間に換算した車数	365.4台	822.7台	924.4台	868.4台	519台	354台
バス数	27台	29台	9台	13台	17台	6台
60時間に換算したバス数	24.2台	29.5台	9.2台	13.7台	17台	6台

より、質問紙調査と合わせて観察員による目視による計測を実施した。質問紙調査は遍路する人にその場で依頼するが、すべての人が受け入れてくれるわけではなく、回答を拒否される場合がある。それに対して、目視で計測した人数は五〇番札所を通過した人を数えるので、質問紙調査を拒否した人もカウントされるため。実際の人数に近くなる。

（表（3）一―一）は六回の目視調査をまとめたものである。六回の調査は雨や台風のため、同じ時間実施することはできなかった。そこで、一日一〇時間で六日間実施した分（延べ六〇時間）に換算した数値で見てみよう。巡拝する人の場合、二〇一一年と比べて二〇一四年は倍増し、その後二〇一四年から二〇一八年まで次第に減少する傾向を示している。二〇一四年は四国遍路開創一二〇〇年、二〇一六年は六〇年に一度の丙申年で閏年にあたり、逆打ちするとご利益倍増と言われている年で、この期間マスメディアが四国遍路を盛んに取り上げ、多くの人が巡拝した。そうした年が過ぎて、二〇一七年から大幅に減少し二〇一八年は二〇一四年の三分の一以下になっている。

自動車については、二〇一五年が九二四・四台、二〇一八年が三五四台で二・六倍の差となっている。バスの台数は二〇一五年からかなり減っており、団体バスが四国遍路ブームにもかかわらず減少していることがうかがえる。（二〇一五年は、団体バスは高野山の方に集中したのであろう。）このように期間を決めて定点観測を実施してみると、その変動は非常に大きく、その中で団体バスの減少が目立つ（竹川　二〇一六：五五―五七）。

2　遍路する人々への質問紙調査

①　質問紙調査の実施について

遍路をする人々に対して質問紙調査を行った。調査は本人が記入するか、調査員が質問紙を読み上げその回答を記入する形で実施した。遍路する人を長時間足止めするのはよくないと考え、質問項目を抑えＡ４用紙おもて面一枚に限ることとし（回答時間は約二分）、質問紙は出身や遍路目的など基本的なものは毎回同じであるが、実施年ごとに一部内容を変えて実施した。

質問紙による調査の実施は二〇〇六年より八回行ない、いずれもほぼ同一場所で同じ形式で行った。調査時間は、遍路する人が札所を訪れてお参りした後、納経所で巡拝した証として墨守・朱印の記帳が可能な七時～一七時までとした。調査はどの年も当初七日間の実施予定としたが、雨や台風で継続困難なため途中で中止したり、朝から雨の日は終日中止とした。（表（３）一・二）では、各回の人数を比較するため、六〇時間に換算した人数を掲げてある。

第一～三回までは調査有効数が五〇〇人前後で推移していたが、第四回目二〇一四年の調査において有効数が一一九〇人とこれまでに比べて傑出して多くなった。これは、前述したように二〇一四年が四国遍路開創一二〇〇年にあたり、多くの行事やテレビ特集が行われ、一般の人々の関心を強く引いたものと考えられる。第五回目と第六回目も前述のとおり二〇一四年と同様多くの人が巡拝した。八回の調査の回答数を合計

（表（3）一・二）質問紙調査の回答者数

	第1回目 2006年	第2回目 2007年	第3回目 2011年	第4回目 2014年	第5回目 2015年	第6回目 2016年	第7回目 2017年	第8回目 2018年
人数	461人	574人	493人	1190人	1214人	1184人	875人	531人
実施延べ時間	60時間	70時間	67時間	59時間	59時間	57時間	60時間	60時間
60時間に 換算した人数	461人	492人	441.5人	1210.2人	1234.6人	1246.3人	875人	531人

すると六五二二人となった。

遍路する人々への目視調査の数値が調査時に繁多寺を訪れた実数を示しているとすれば、どのくらいの比率で質問紙調査に回答したか、算出することができる。その結果、二〇一一年では三三・九％、二〇一四年では四六・二％、二〇一五年では五三・二％、二〇一六年では五六・八％、二〇一七年では五七・四％、二〇一八年では六二・九％となり、調査を重ねるにつれて回答率が増加している。その理由として、団体バスの遍路者は日程の消化に追われて時間がなくアンケートを拒否することが多いのだが、その団体バスによる遍路者が減少したこと、自動車で来る人が増えて個別的に依頼することにより受け入れてくれる人が増えたこと、調査員の質問紙調査への勧誘の仕方が向上したこと、簡易テントや幟の設置などで回答への誘因が増したことなどがあげられる。

② 遍路する人々の年代、男女比率、交通手段、通し遍路か区切り遍路か

四国遍路をする人々の年代、男女比率、交通手段、通し遍路か区切り遍路かについて、調査データよりその特徴を考察する。

a　遍路する人の年代

年代別に見ると、中年層が増加していることが第一にあげられる。すなわち四〇代において、二〇〇六年の二・四％から、二〇一六年の一六・二％まで

（表（3）一・三）遍路する人の年代比率

	2006年	2007年	2011年	2014年	2015年	2016年	2017年	2018年
10代	0.7% (3)	0.9% (5)	2.2% (11)	0.2% (2)	1.2% (15)	0.7% (8)	1.4% (12)	1.1% (6)
20代	4.6% (21)	6.0% (34)	5.5% (27)	3.6% (43)	5.1% (61)	4.4% (52)	5.1% (44)	3.6% (19)
30代	3.3% (15)	6.5% (37)	5.5% (27)	5.5% (65)	10.1% (122)	8.4% (99)	4.8% (42)	7.6% (40)
40代	2.4% (11)	7.7% (44)	7.7% (38)	8.2% (97)	13.8% (166)	16.2% (191)	13.8% (120)	15.0% (79)
50代	11.2% (51)	22.4% (128)	15.2% (75)	17.0% (201)	19.3% (233)	25.0% (295)	17.2% (150)	21.9% (115)
60代	46.4% (211)	35.7% (204)	43.8% (216)	40.0% (473)	33.9% (409)	32.1% (378)	36.2% (315)	31.6% (166)
70代以上	31.4% (143)	20.7% (119)	20.1% (99)	25.5% (302)	16.6% (200)	13.2% (155)	21.6% (188)	19.2% (101)
合計	(455)	(571)	(493)	(1183)	(1206)	(1178)	(871)	(526)

段階的に増え、一〇年の間にほぼ七倍に増加している。五〇代においても二〇〇六年一一・二%から、二〇一六年の二五%まで、二〇〇七年がやや突出しているが、それ以外は確実に増えている。四〇代と五〇代の中年層は、合わせて一三・六%から四一・二%へと大幅に増加している。

その分逆に高齢者の比率が下がり、六〇代と七〇代以上を合わせた六〇代以上の比率が、二〇〇六年では七七・八%であったのに、二〇一六年では四五・三%と六回の調査で最も低い比率となっている。実人数で見ても、二〇〇六年では四〇代が一一人、六〇代が二一一人であったのに対して、二〇一六年では四〇代が一九一人、六〇代が三七八人と、四〇代の増加が著しい。

四国遍路をする人が増加するにつれて、定年退職した六〇代以上の世代よりも中年世代がそれ以上に増加したことが読み取れる。ただ、二〇一七年と二〇一八年では、中年世代が弱い減少となっている。

b　男女比率

（表（3）一・四）男女の比率（実数）

	2006年	2007年	2011年	2014年	2015年	2016年	2017年	2018年
男性	53.5% (240)	58.5% (336)	51.5% (253)	52．5% (601)	55.4% (652)	50.7% (598)	53.9% (471)	56.3% (296)
女性	46.5% (209)	41.5% (238)	48.5% (238)	47．5% (544)	44.6% (524)	49.3% (582)	46.1% (403)	43.7% (230)
合計	(449)	(574)	(491)	(1145)	(1176)	(1180)	(874)	(526)

次に男女の比率について見てみよう。

八回の調査すべてにおいて男性の方が多くなった。その差は、一・四%（一六人　二〇一六年）から一七%（九八人　二〇〇七年）となっている。

他の調査について言及すると、早稲田大学道空間研究所が実施した調査（一九九六年四月から五月、調査対象者一二三七人）では、男性四九・一%、女性五〇・九%とほぼ同じ割合になっている（長田他　二〇〇三：一二六）。これは、一六か所の宿坊留め置き調査法によっており、調査方法の違いが出ているのではないかと考えられる。

同じ頃実施された佐藤久光の調査（愛媛県今治市の第五六番札所泰山寺で一九九六年四月から翌年三月まで実施、調査対象者一二七二人）では、男性四二・九%（五四五人）、女性五七・一%（七二七人）となっている（佐藤二〇一六：二六三）。佐藤は女性が多い理由として、一、四国各地に嫁入り前に遍路を体験する習慣があったこと、二、経済力が弱かった女性でも、接待などで費用が安く済んだこと、三、遍路には貧困者や不治の病を抱えた人も少なくなかったが、その中には女性も含まれていたこと、四、団体バスを利用した遍路に女性が多いことをあげている（佐藤　二〇一六：二六三―五）。一から三まではここでの調査では判断し得ないが、四の団体バスに女性が多いことは、ここでの調査で検討することができる。

（表（3）一・五）は、各年の団体バスと自家用車の女性の比率（実数）を示したものである。団体バスは年によって調査期間中に来訪する台数が大きく異

（表（3）一・五）団体バスと自家用車における女性の比率（実数）

	2006年	2007年	2011年	2014年	2015年	2016年	2017年	2018年
団体バス	70.2% (66)	65.6% (80)	71.0% (49)	58.0% (138)	64.3% (27)	71.8% (74)	57.6% (98)	54.5% (18)
自家用車	41.0% (84)	38.9% (129)	47.5% (145)	46.7% (316)	47.4% (415)	50.0% (444)	46.4% (249)	47.6% (186)

なり、乗者数も大きく変化するが、各年の女性の比率は常に半数を大きく上回っている。逆に自家用車では半数を下回っており、自家用車が増加すると、男性の比率が上回るようになる。繁多寺での二〇〇六年～二〇一八年の調査では、自家用車が増えて男性の比率が女性より高くなったことを示している。

c　遍路で利用している交通手段

（表（3）一・六）より遍路の交通手段として自家用車が大幅に増加傾向にあることがわかる。二〇〇六年は四五％であったが、二〇一一年から六割を超え、さらに二〇一五年は七六・一％、二〇一六年は七五・二％と、これらの年は、遍路する人の四分の三以上が自家用車を利用している。

団体バスは二〇一四年まで、二〇一一年の一四％以外、二〇％台と安定していたが、二〇一五年に三・七％と激減し二〇一六年も八・八％となっている。二〇一四年の調査期間中に二九台来たバスが、二〇一五年では九台になっており、団体バスで遍路する人が減少傾向にあると言えるだろう。

歩きは増えたり減ったりであるが、五〇名前後で推移している。歩きがよくマスメディアで取り上げられていることから、この人数は意外と少なく思われるかもしれない。順打ちにせよ逆打ちにせよ、札所一番の霊山寺あるいは札所八八番の大窪寺から多くの人が出発するので、調査地点の五〇番札所は中間的な所であり、歩き遍路から離脱した人は繁多寺に来ないので、マスメディアの

（表（3）一・六）遍路で利用している交通手段の比率（実数）

	2006年	2007年	2011年	2014年	2015年	2016年	2017年	2018年
歩き	13.2% (60)	7．6% (4 2)	14.3% (70)	4.6% (53)	7.0% (83)	6.1% (72)	4.7% (41)	6．2% (3 3)
自家用車	45.0% (205)	59.5% (330)	62.1% (306)	60.6% (703)	76.1% (905)	75.2% (889)	61.7% (537)	74.3% (394)
団体バス	21.1% (96)	21.6% (120)	14.0% (69)	21.0% (244)	3.7% (44)	8.8% (104)	19.6% (171)	6.2% (33)
マイクロバス	9.4% (43)	2.1% (12)	1.8% (9)	4.9% (57)	1.8% (21)	1.2% (14)	2.2% (19)	3.2% (17)
タクシー	6.4% (29)	3.4% (19)	0.4% (2)	2.7% (31)	1.3% (16)	2.0% (24)	2.5% (22)	0.4% (2)
バス、鉄道	2.4% (11)	0.5% (3)	4.5% (22)	0.7% (8)	1.1% (13)	0.8% (9)	2.1% (18)	0.8% (4)
バイク、自転車	1.5% (7)	3.8% (21)	2.6% (13)	3.5% (41)	5.0% (60)	2.1% (25)	4.0% (35)	5.7% (30)
その他	1.1% (5)	1.6% (9)	0.4% (2)	2.1% (24)	4.0% (47)	3.8% (45)	3.2% (28)	3.0% (16)

報道に反してこのような人数になるのであろう。

他の交通手段については、自家用車が圧倒的に多いために低い比率となっている。その他には、レンタカー利用が含まれ、またタクシー、バス、鉄道の利用など複数利用する人が含まれている。

d　通し打ち遍路か区切り打ち遍路か

（表（3）一・七）より、八八か所を一回の巡礼で回る通し打ち遍路が減る傾向にあることがわかる。二〇〇六年では通し打ち遍路が全体の約三割であったのが、二〇一四年からは一〇％台となり、二〇一八年では一〇％を切った。二〇一四年から二〇一六年に大幅に増加した人たちは、区切り打ち遍路を行った人たちだと見ることができる。実数で見ると、通し打ち遍路は二〇一八年以外一〇〇人台を保っている。

早稲田大学の道空間研究所が一九九六年に実施した調査では、通し打ち遍路は二七・七％、区切り打ち遍路は七一・一％となっている（早稲田大学道空間研究所　一九九七：三三）。この調査は札所一五

（表（３）一・七）通し打ち遍路か区切り打ち遍路かの比率（実数）

	2006年	2007年	2011年	2014年	2015年	2016年	2017年	2018年
通し遍路	32.8% (149)	23.0% (133)	25.7% (122)	16.6% (181)	10.7% (124)	12.3% (141)	12.9% (107)	9.4% (48)
区切り遍路	67.2% (305)	77.0% (446)	74.3% (353)	83.4% (912)	89.3% (1032)	87.7% (1001)	87.1% (724)	60.6% (465)

か所の宿坊を中心とした留め置き調査によるものであり、本調査とは事情が異なるが二〇〇六年、二〇〇七年、二〇一一年の結果と比較すると二〇〇〇年前後は二五％前後の比率になるのではないかと考えられ、それ以後、通し遍路は減少しているとみられる。

【小括】

四回実施した目視調査（二〇一一年から二〇一八年に六回実施）では、札所を巡拝する人も車も日々の変動が大きいことがまず注目される。人も車も二〇一一年に比べて二〇一四〜二〇一六年が遍路ブームとなって大幅に増加している。特に自動車数において急増している。

質問紙調査（二〇〇六年から二〇一八年に八回実施）による回答比率の変化を見てみると、次のような傾向が見られた。

一、遍路する人の年代は、六〇代以上が二〇〇六年では七七・八％であったのが二〇一六年では四五・三％と減少し、その分中年層（四〇代五〇代）が二〇〇六年の一三・六％から二〇一六年の四一・二％へと増加している。その後中年層は二〇一七年より減っており、中年層は他の世代より遍路ブームの影響を受けやすいのではないかとみられる。

二、自動車数は増える傾向を示している。二〇一六年は遍路する人の七五・二％

が自動車であった。歩き遍路は遍路者全体の七・八％である。
三、団体バスでは女性の比率が高かったが、その団体バスが減ったため、男性の比率が高くなった。
四、一度の出立で八八の札所を巡拝する通し遍路をする人は減る傾向にある。二〇〇六年の三二・八％から二〇一八年の九・四％へと減少している。

(2) 遍路目的と遍路回数

ここでは、実施した調査のデータより遍路目的と遍路回数について検討する。遍路は経済活動のように人々にとって必須の活動ではなく、あくまで個人の自主的な活動であり、宗教離れが進んでいる現代の日本社会において、四国遍路をしている人がどのような目的で行っているのか探りたい。

調査では、遍路目的の選択肢として、一、先祖・死者の供養、二、信仰、三、祈願（大願成就）、四、精神修養、五、病気の治療、六、観光、七、健康のため、八、人との交流、九、自分の生き方と向かい合うため、一〇、悩みから自分を解放したい、一一、チャレンジ、一二、その他を掲げて、その中から当てはまるものいくつでも〇をする多重回答形式で行った。

また何度も遍路を繰り返す人がいるので、遍路回数を記入する欄を設けた。現状はどうなのか、そのような人たちの意識はどうであるのか、調査データより探りたい。

（表（3）二・一）遍路の目的の比率（実数）（多重回答）

	2006 年	2007 年	2011 年	2014 年	2015 年	2016 年	2017 年	2018 年
先祖・死者の供養	39.3% (181)	33.8% (200)	42.0% (207)	40.1% (477)	36.4% (442)	34% (403)	34.5% (302)	33.0% (175)
信仰	14.3% (66)	12.8% (76)	13.4% (66)	13.7% (163)	12.4% (151)	10.7% (127)	12.6% (110)	10.5% (56)
祈願 (大願成就)	18.0% (83)	24.8% (147)	26.4% (130)	28.2% (335)	30.4% (369)	36.7% (434)	33.6% (294)	29.0% (154)
精神修養	22.1% (102)	14.2% (84)	25.4% (125)	16.9% (201)	18.9% (229)	18.9% (224)	16.8% (147)	15.6% (83)
病気の治療	5.6% (26)	8.1% (48)	7.9% (39)	10.7% (127)	10.8% (131)	10.8% (128)	11.1% (97)	8.1% (43)
観光	8.7% (40)	12.3% (73)	12.2% (60)	13.9% (166)	18.3% (222)	15.7% (186)	15.5% (136)	13.9% (74)
健康のため	31.0% (143)	25.3% (150)	32.5% (160)	32.1% (382)	32.4% (393)	31.4% (372)	30.7% (269)	34.7% (184)
人との交流	7.6% (35)	3.7% (22)	12.4% (61)	10.6% (126)	8.2% (100)	8.4% (99)	10.5% (92)	9.8% (83)
自分の生き方と向かい合うため	14.1% (65)	7.9% (47)	20.7% (102)	18.2% (217)	17.1% (207)	15.8% (187)	16.1% (141)	17.9% (95)
悩みから自分を解放したい	3.0% (14)	1.5% (9)	4.3% (21)	3.4% (41)	3.9% (47)	4.2% (50)	3.5% (31)	4.3% (23)
チャレンジ	9.1% (42)	4.1% (24)	12.8% (63)	11.5% (137)	12.7% (154)	11.8% (140)	9.6% (84)	10.2% (54)

1　遍路目的の推移

（表（3）二・一）より、遍路の目的として最も選択されているものは、二〇一五年まで「先祖・死者の供養」であったが、二〇一六年は「祈願（大願成就）」になっている。「祈願（大願成就）」は、二〇〇六年においては一一ある遍路目的の選択肢のうち四番目であったが、二〇〇七年から「精神修養」より多く選択されて三番目となり、その後二〇一五年まで三番目であったが、二〇一六年において「先祖・死者の供養」と「健康のため」より多く選択されて一番目となった。この一〇年間で徐々に「祈願（大願成就）」を選択する人が増えており、このような傾向を示している遍路目的は他に見当たらない。二〇一六年は、一〇年前の二〇〇六年と比べて倍の比率になっている。それ以後やや減ったが、二〇一七年は二番目、二〇一八年は三番目に多く選択されている。

「先祖・死者の供養」や「健康のため」は、いくつ選択してもよい多重回答方式であるので、「祈願（大願成就）」が増えてもその分減少しているというわけではなく、毎回高い比率で選択されている。二〇一七年には、再び「先祖・死者の供養」が最も多くなったが、二〇一八年には「健康のため」が最も多くなった。「健康のため」は二〇〇七年以外、「先祖・死者の供養」とともに常に三〇％以上となっており、遍路の目的の主要なものとなっている。

「観光」は二〇〇六年から二〇一五年まで増加し、その後一五％台で安定している。「自分の生き方と向かい合うため」は二〇一一年以降一五％以上となって、それまで高かった「精神修養」と同程度選択されるようになっている。「信仰」は一二％以上を続けているが、やや減少傾向である。「人との交流」、「チャレンジ」は、一〇％前後で推移しており、新しい遍路の動機として指摘されることがあるが、ここでの調査ではそれほど高い比率ではない。

二〇〇六年から二〇一六年にかけて大幅に増加している「祈願（大願成就）」を、年代別に示したのが（表（3）二・二）である。

（表（3）二・二）より一〇代は人数があまりに少ないので除外して、調査を重ねるにつれて選択の比率が確実に増加している世代は五〇代で、二〇〇六年の二五・五％から二〇一七年の四二・三％まで増加している。四〇代においても、二〇一五年を除いて次第に増加する傾向がうかがえ、二〇一六年では四八・二％の人が「祈願（大願成就）」を選択している。六〇代においても四〇代、五〇代が示すような大きな伸びではないが、二〇一五年を除いて増加の傾向を示している。二〇一六年は三〇代から六〇代まで、これまでの年より増える傾向を示しており、この年が丙申年の閏年にあたり逆打ちするとご利益倍増とされている年であるため、

（表（3）二・二）年代別「祈願（大願成就）」を選択した人の比率（実数）

	2006年	2007年	2011年	2014年	2015年	2016年	2017年	2018年
10代	66.7% (2)	40.0% (2)	36.4% (4)	0% (0)	46.7% (7)	50.0% (4)	45.5% (5)	10.0% (6)
20代	9.5% (2)	17.6% (6)	40.7% (11)	27.9% (12)	37.7% (23)	36.5% (19)	34.1% (15)	15.8% (3)
30代	33.3% (5)	35.1% (13)	29.6% (8)	29.2% (19)	35.2% (43)	47.5% (47)	57.1% (24)	30.0% (12)
40代	9.1% (1)	22.7% (10)	28.9% (11)	34.0% (33)	28.9% (48)	48.2% (92)	35.6% (42)	37.2% (29)
50代	25.5% (13)	28.1% (36)	29.3% (22)	31.3% (63)	38.6% (90)	41.4% (122)	42.3% (63)	26.3% (30)
60代	16.1% (34)	23.5% (48)	24.1% (52)	27.3% (129)	25.7% (105)	29.1% (110)	29.6% (50)	32.5% (54)
70代以上	17.5% (25)	26.9% (32)	22.2% (22)	26.2% (79)	26.0% (52)	24.7% (38)	26.7% (50)	17.8% (18)

「祈願（大願成就）」が増加したのであろう。

納め札には自分の願い事を墨書きしたり「願意」として願いの言葉を書く欄があるものが多かったが、今日市販されている納め札にはそのような欄のないものがよく販売されている。そのため、氏名、年齢、住所、日付のみ書くこととなるが、筆者が実際に札所を巡って、納め札を入れる箱の中をのぞいてみると、納め札の裏面に祈願の言葉を書いているものがいくつもあった。この納め札に願い事を書くのは、遍路目的として祈願があることを具体的に示しており、調査の結果が示すように、「祈願（大願成就）」が中年層を中心に増加したことがうかがえる。

2　マスメディアの影響

二〇一五年の調査において、遍路目的の欄にこれまでにないことが書かれている回答があった。それは自由記入欄に「水曜どうでしょう」と書かれていたものである。また、調査実施中に繁多寺の山門前で他のお遍路さんとは異なるポーズを取ったり、境内を走りそれをビデオに撮る人たちがいた。

「水曜どうでしょう」は北海道テレビ放送制作のバラエティ深夜番組のことである。俳優の大泉洋をメインキャストとして、旅を中心としたさまざまな企画を行い、その中に四国遍路を巡るものがあった。一九九九年、二〇〇〇年、二〇〇二年と三回四国遍路を行ってそれが放送され、全国で何度も再放送され、DVDも発売されている。

その番組をまねて、大泉らと同じ行動をしようとした者が四国遍路を巡り、繁多寺の山門前でポーズを取ったり境内を走ってビデオに撮ったりしたわけである。二〇一五年の調査においては、五人の人がアンケートの遍路目的に「水曜どうでしょう」と記入していた。アンケートに記入された回答を見ると、出身は、北海道、群馬（二人）、新潟、愛知で、五人とも般若心経は唱えないと回答しているが、二〇代の三人は歩き遍路をしたいと回答していた。二〇一八年の調査においても、遍路目的の自由記述欄に、「水曜どうでしょう」と書いた人が二人いた。二人とも高知の二〇代の男性で、自家用車を利用と記されていた。おそらく、彼らのような意図で札所を巡っている場合、遍路の作法に従って巡拝しているという意識はないので、アンケートに応じる人は少なく、またアンケートを受け入れても「水曜どうでしょう」と書かない人もいたであろうから、もっと多くの人が「水曜どうでしょう」にかかわって札所を巡っているのではないかと推測される。当然調査期間以外にも多くいたであろう。

彼らの行動も札所を巡っているので、広義には四国遍路をしている者の中に含められる。スタンプラリーのつもりで四国遍路をしている人との区別はつけられないであろう。また、札所を巡っても納経せずカメラで自撮りして証拠写真とする者もいる。彼らの中には、巡っているうちに遍路の魅力にみせられて、本格的に四国遍路しようと思う者もいるであろう。

岡本亮輔は、あるアニメ作品に熱心なファンがそのアニメ作品に関連する土地を聖地として位置づけ、実際にそこを訪れる行為を「聖地巡礼」として論じている（岡本　二〇一五：一八九―九二）。たとえばアニメ作品の『らき☆すた』がテレビで放送されると、その舞台として用いられている埼玉県久喜市の鷲宮神社がメディアで紹介され、次第に多くの人がそこを聖地として巡礼するようになったという。テレビでの放送をきっかけとして、聖地とされる場所を巡礼する点で、「水曜どうでしょう」にかかわって四国の札所を巡る人たちも、鷲宮神社を巡礼する場合と共通していると見ることができる。そこには、現代の若者がメディアを通して魅力を感じた対象にできるだけ接近し、同じ場や行動を共有したいという願望があるためであろう。

そうではあるが、両者には巡礼する人数に大きな違いがあり、「水曜どうでしょう」を見て四国遍路する人の人数は多いとは言えない。その理由は、八八もの札所を巡るということが、テレビ番組においてもかなり厳しい行動であったように、それに倣って巡礼しようという決断を鈍らせるのではないかと考えられる。

多数の人ではないが、人気の深夜番組をきっかけとして遍路をはじめる場合もあり、現代の四国遍路はさまざまな様相を呈している。

3　遍路回数について

①　納め札の色による遍路者比率

調査では「今回の遍路は初めてですか、それとも何周目（何回目）ですか」と遍路した回数を二〇一四年よりたずねている。遍路回数が多い人はどの程度いるのか、納め札の色による区分ではどのようなものか見てみよう。

（表（3）二・三）遍路の回数の比率（実数）

	2014年	2015年	2016年	2017年	2018年
はじめて	47.4% (551)	54.6% (659)	53.9% (630)	55.7% (479)	52.5% (276)
2回目	16.4% (190)	14.6% (176)	17.8% (208)	13.5% (116)	14.8% (78)
3回目	9.6% (112)	9.0% (108)	7.8% (91)	8.0% (69)	7.4% (39)
4回目	4.6% (53)	4.5% (54)	5.0% (58)	3.1% (27)	4.2% (22)
5回目	4.1% (48)	3.4% (41)	3.4% (40)	3.1% (27)	3.2% (17)
6回目	1.4% (16)	1.7% (21)	1.5% (18)	1.2% (10)	1.9% (10)
7回目	2.1% (24)	2.1% (25)	1.2% (14)	1.6% (14)	2.1% (11)
8回目	1.6% (19)	1.1% (13)	1.1% (13)	1.2% (10)	2.3% (12)
9回目	0.9% (11)	1.2% (15)	0.3% (3)	0.3% (5)	1.0% (5)
10回目	1.6% (19)	1.6% (19)	1.0% (12)	1.5% (13)	2.1% (11)
11～20回目	4.4% (52)	2.9% (35)	2.4% (28)	4.9% (42)	4.9% (26)
21～30回目	2.3% (25)	1.6% (19)	2.0% (23)	2.2% (19)	1.1% (6)
31～40回目	1.0% (10)	0.6% (7)	0.3% (4)	0.9% (8)	0.6% (3)
41～50回目	0.9% (9)	0.3% (3)	0.3% (4)	1.2% (10)	0.8% (4)
51～100回目	1.5% (15)	0.6% (7)	1.5% (17)	0.6% (5)	0.6% (3)
101～200回目	0.7% (7)	0.2% (2)	0.3% (3)	0.8% (7)	0.2% (1)
201回目以上	236回目 0.1% (1)	260回目 0.1% (1) 270回目 0.1% (1)	209回目 0.1% (1) 220回目 0.1% (1)	291回目 0.1% (1)	207回目 0.1% (1) 320回目 0.1% (1)

（表（3）二・三）は遍路の回数について、二〇一四年から二〇一八年の調査結果を掲げたものである。

四国遍路をするのが初めての人は、五二・七％（二〇一四年〜二〇一八年の平均）で、半数の人がはじめて遍路する人だとみてよいだろう。

逆に半数近くの人は、すでに八八か所を一度以上巡ったことのある人たちだということになり、繰り返し回る人が多いことを示している。何度も巡拝する人は多くおり、これまでに一〇回目以上巡拝した人は四八六人で回答者の九・九％、そのうち二〇〇回目以上の人は八人、最高は三二〇回目で、二八〇回の巡拝をしたとされる中務茂兵衛以上の人がいるようである。三二〇回目の人は、質問紙の回答によると高知出身の六〇代の女性、今回自家用車で七名のグループによる区切り打ち、遍路目的にその他（楽しみ）と記入し、般若心経を必ず唱える、歩き遍路はできないと回答している。

四国遍路では、何回巡拝したかによって納め札

（表（3）二・四）　納め札の色による遍路者比率（実数）

納め札の色 巡拝回数	2014年	2015年	2016年	2017年	2018年
白0～4回	82.1% (954)	86.1% (1038)	87.9% (1027)	80.3% (691)	78.9% (415)
緑5～7回	5.1% (59)	4.9% (59)	3.9% (45)	5.9% (51)	7.2% (38)
赤8～24回	7.8% (91)	6.6% (80)	4.8% (56)	8.4% (72)	11.0% (58)
銀25～49回	3.0% (35)	1.5% (18)	1.5% (18)	3.1% (27)	1.7% (9)
金50～99回	1.3% (15)	0.6% (7)	1.5% (17)	1.2% (10)	0.4% (2)
錦100回以上	0.7% (8)	0.3% (4)	0.4% (5)	1.0% (9)	0.8% (4)

の色が決められている。現在では巡拝回数一～四回が白、五～七回が緑、八～二四回が赤、二五～四九回が銀、五〇～九九回が金、一〇〇回以上が錦となっている（四国霊場会）。ただし、納め札の色による巡拝回数の区分は、時代によってさまざまであることが指摘されている（愛媛県生涯学習センター　二〇〇一：二七三）。

現在の分類に従って分けてみたのが（表（3）二・四）で、二〇一四年～二〇一八年を平均した比率は、白札の人が八三・八％、緑札の人が五・一％、赤札の人が七・七％、銀札の人が二・二％、金札の人が一％、錦札の人が〇・六％である。このように、四国遍路をはじめてから四回までの白札を納め札とする人が、四国遍路では多数を占めている。

経年の変化を見ると、白札の人の比率が、四国遍路開創一二〇〇年の二〇一四年から、高野山開創一二〇〇年の二〇一五年を経て、逆打ちご利益倍増の二〇一六年まで増加し、二〇一七年、二〇一八年と減少している。緑札と赤札の人は、白札の人の増減の影響を受けてであろう、白札の人とは逆の傾向を示しており、二〇一四年～二〇一六年の遍路ブームによって、はじめて巡拝する人が増え、その後減少したことがわかる。銀札、金札、錦札では、それぞれ人数が少ないので、年度に関わりなく一定の人数になっている。

② 遍路回数別に見た遍路目的やその他の質問

遍路をはじめてするかあるいは何回も巡っているかで、お遍路さんの意識や状態も違っているであろう。そこで、遍路回数で分けて調べてみた。納め札の色による区分によると、銀、金、錦の人たちは遍路回数二五回以上であり、当然のことながらそれだけ巡拝できる人は非常に少なく、全体の三・八％である。そのため、ここでの考察のために人数があまり偏らないように遍路回数で分けたグループが一〇〇人以上となるように、一回目、二回目、三回目、四〜九回目、一〇回目以上と五つのグループに分類し見ていくこととする。

（表（3）二・五）は、遍路回数に分けて、五種の遍路目的とその他の質問の選択率を示したものである。遍路回数が増えるにつれて選択される比率が高くなっているのは、「先祖・死者の供養」と「信仰」である。特に「先祖・死者の供養」は、「四〜九回目」の人と「一〇回目以上」の人において四五％を越える比率になっている。

巡る回数が増えるにつれて少しずつ選択する人が増えている「信仰」と対照的に、逆の傾向を示しているのが、「観光」である。「観光」は遍路回数を重ねるにつれて選択する人が少しずつ減り、「一〇回以上」では四・七％とごく少なくなっている。何度も訪れておりもはや観光の意識はないということだろう。他に回数を重ねるごとに減っているのは、「自分の生き方と向かい合うため」と「チャレンジ」である。どちらも巡拝回数とともに遍路の目的として意識されなくなっていくのであろう。大きな傾向として、遍路回数を重ねるにつれて、「観光」から「信仰」に変わっていくのがうかがえる。その他の遍路目的は、遍路回数で一定の傾向は見られなかった。

（表（3）二・五）の遍路目的以外の質問について見てみると、死後の世界があるという考えも、遍路回

（表（3）二・五）遍路回数別遍路目的とその他の質問の比率（実数）
（2014年～2018年の合計）

	1回目	2回目	3回目	4～9回目	10回目以上
先祖死者の供養	31.2% (809)	35.3% (271)	38.4% (161)	48.2% (315)	46.5% (226)
信仰	9.2% (240)	11.8% (91)	15.5% (65)	15.1% (99)	21.0% (102)
観光	20.7% (536)	14.2% (109)	13.8% (58)	7.6% (50)	4.9% (24)
自分の生き方と向かい合うため	18.7% (485)	15.9% (122)	14.6% (61)	16.1% (105)	13.4% (65)
チャレンジ	15.1% (392)	9.2% (71)	7.2% (30)	6.7% (44)	4.7% (23)
死後の世界があるという考えに賛同	65.4% (1696)	65.6% (504)	68.7% (288)	68.3% (447)	77.8% (378)
世界遺産にしたい	79.3% (2059)	78.9% (606)	76.6% (321)	78.4% (513)	72.0% (350)

数が増えるにつれて、その考えに賛成する人が増えている。一〇回目以上の人では、七七・八％の人が「死後の世界がある」という考えに賛同している。

世界遺産にしたいかどうかでは、遍路回数と関連はなさそうである。その差はわずかであるが、一〇回目以上の人が最も低くなっていて、遍路経験の多い人に世界遺産を望まない人がいるようである。

【小括】

一、遍路目的は、「先祖・死者の供養」、「健康のため」、「祈願（大願成就）」、「精神修養」の順にほぼ選択されていたが、「祈願（大願成就）」がこの一〇年で少しずつ増加し、二〇一六年では「先祖・死者の供養」と「健康のため」よりも多く選択されるに至った。

二、マスメディアに触発されて、四国遍路する若者がいたが、多数にはならなかった。

三、遍路回数別に見てみると、遍路回数の多い人ほど「先祖・死者の供養」「信仰」「般若心経を必ず唱える」「死後の世界あると思う意見に賛成」を選ぶ傾向があり、四国遍路の伝統的な作法や信仰を持って多度巡拝している人が一定数いることがわかった。

（3）「お接待」と歩き遍路

ここでは、四国遍路における「お接待」と歩き遍路の傾向について、八回にわたって実施した調査データから、どのような実態であるのか、それにかかわる人がどのような意識であるのかを検討する。

1 「お接待」の傾向

① 江戸時代以降の「お接待」

胡光によると、江戸時代（一八四五年頃）に書かれた遍路日記（佐治家文書の一つ）には、「接待」の内容が詳しく記述されており、接待物として、漬物（二一件）、赤飯（一八件）、髪結い（月代）（七件）、銭（五件）、唐豆類（五件）、煮しめ（四件）、餅（二件）、草履（二件）など、住民の身の丈に合ったできる範囲での接待が行われていたという（胡　二〇二〇：五四）。銭、つまりお金もあるが、圧倒的に食べ物や生活物品が多い。そして、文書には接待主が記録されており、接待の際に必ず名乗っているということから、接待する側も遍路と同様に神仏の加護を期待していることになるという（胡　二〇二〇：五六）。貧富の差があってもそれぞれできる範囲の物品の「お接待」によって、ご利益や功徳を得るなど神仏の加護を期待していたと考えられる。

（図（３）三・一）「お接待」を受けた比率

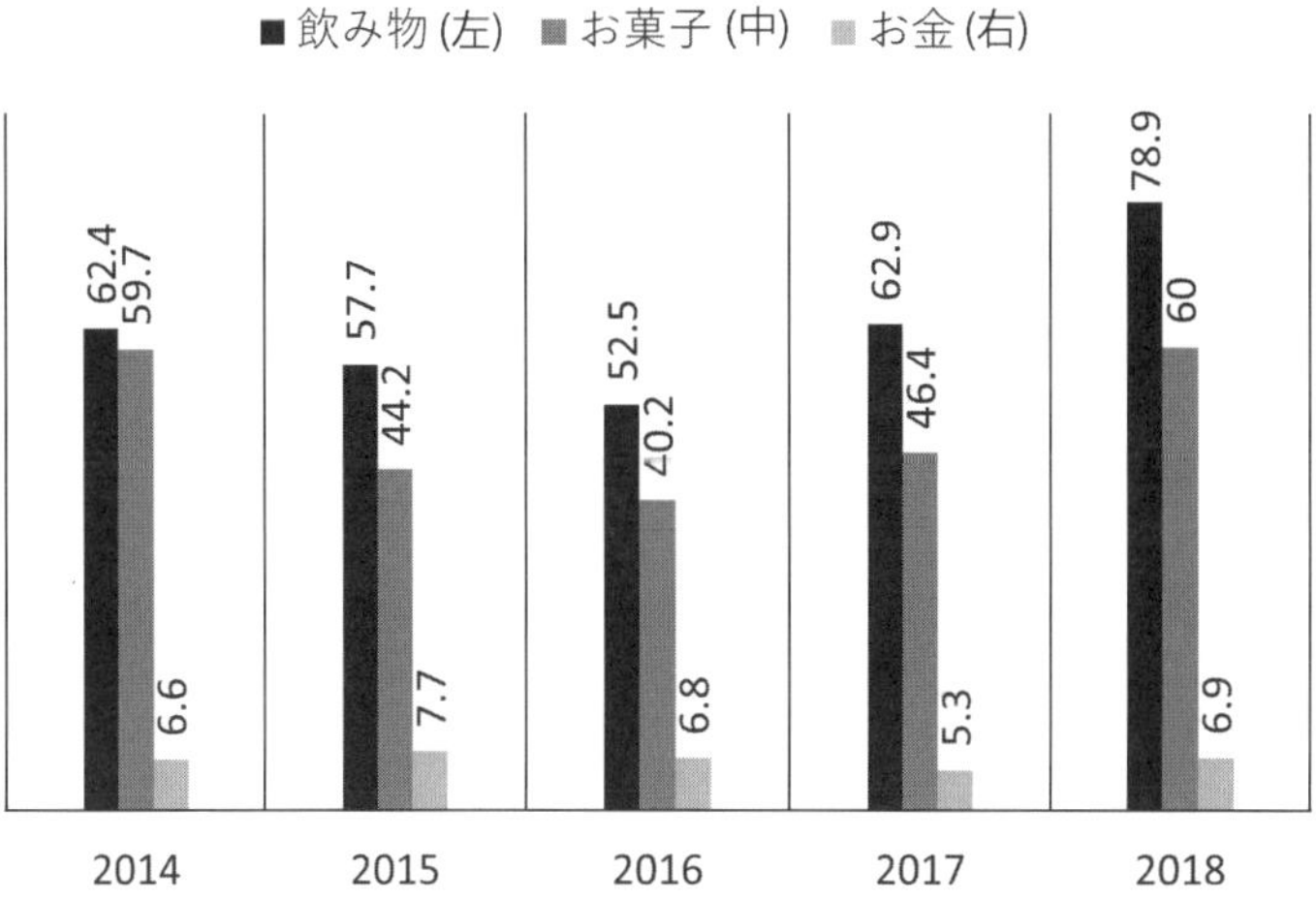

江戸時代の「お接待」は米や食べ物など物品が中心で、佐藤によると、その後もその傾向が続き、山頭火の日記からうかがえるように、昭和前期の戦前まではそうであったのだが、伊藤延一が四国遍路した一九六〇年代初期頃には、お茶はあったものの、食べ物は少なく、お金に代わっていることを指摘している（佐藤　二〇一四：一二六）。佐藤は、「その背景には、高度経済成長期に入って、資本主義が庶民の感覚に徐々に浸透してきたことが影響しているようである。」と述べている。一九六〇年代になってお金の「お接待」が、主に歩き遍路の人に対して喜捨されていくようになったとみられる。

②　「お接待」を受けた比率

それでは、最近の「お接待」の実態がどのようなものか見てみよう。

（図（３）三・一）は、遍路する人の中でどれくらいの人が「お接待」を受けているのかを、「飲み物」「お菓子」「お金」について、それぞれ受けた比率を年度

（図（3）三・二） 交通手段別お菓子の「お接待」比率
歩き（左） 自家用車（中） 団体バス（右）

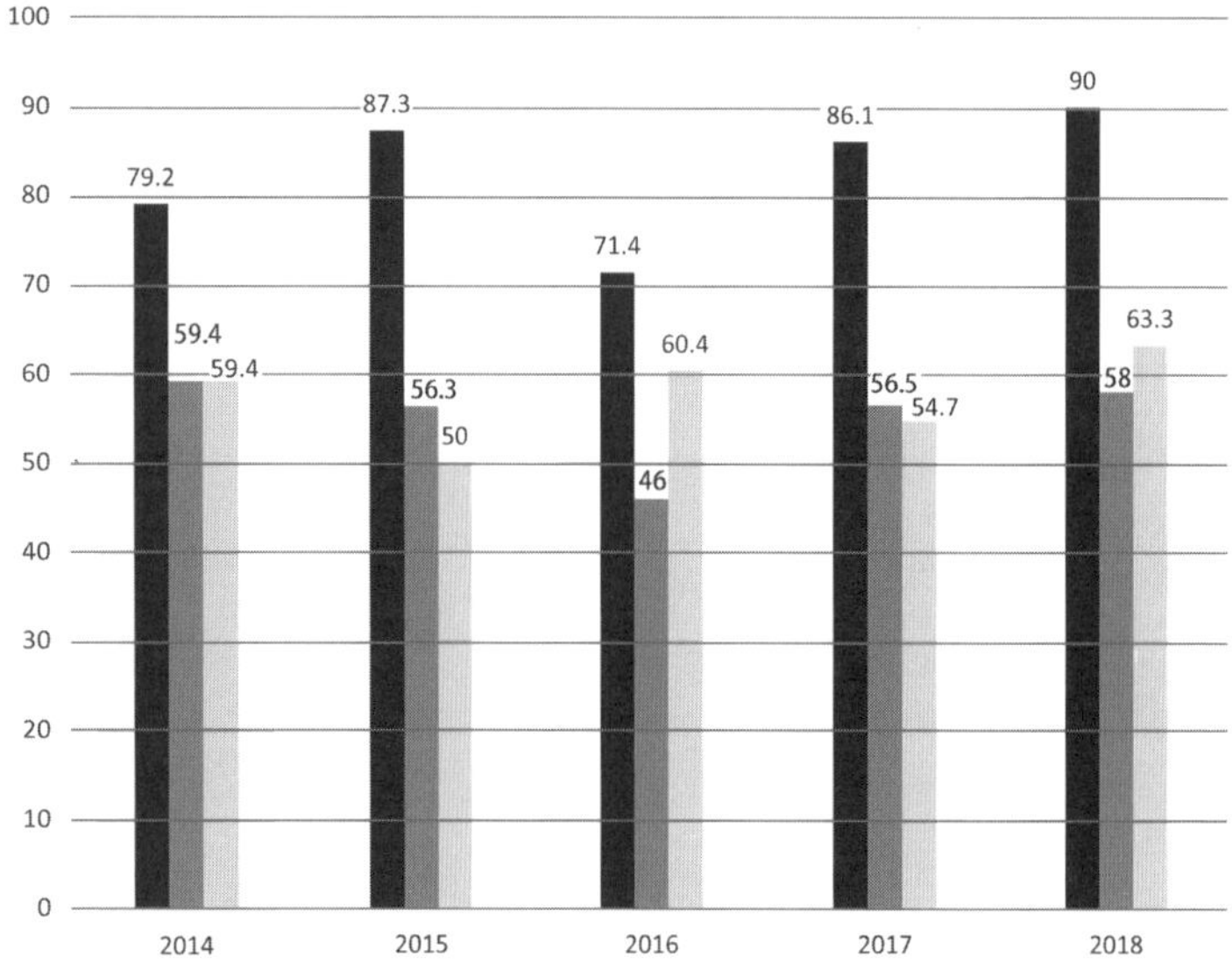

（図（3）三・三） 交通手段別お金のお接待比率
歩き（左） 自家用車（中） 団体バス（右）

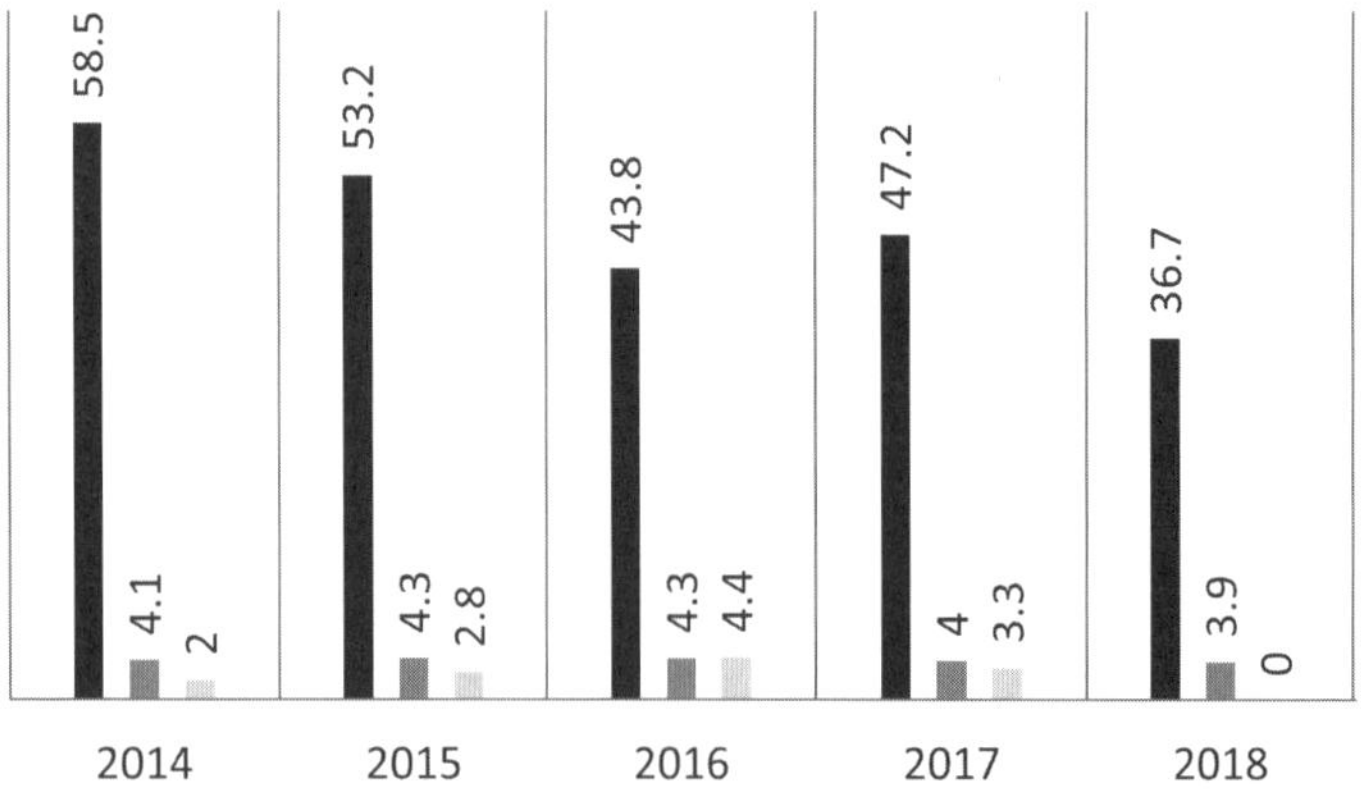

ごとに示したものである。飲み物では半数以上の人が、お菓子では四割以上の人が「お接待」を受けたと回答している。飲み物とお菓子の推移は、二〇一四年から二〇一六年まで減少しそこから二〇一八年まで増加している。これは、遍路する人が二〇一四年〜二〇一六年遍路ブームで増加したが、「お接待」が行われた回数は毎年だいたい同じなので比率的には減少し、二〇一七年からブームが去って遍路する人が減ったが「お接待」の数はあまり減らなかったために、「お接待」を受ける率が上ったためだとみられる。

お金の「お接待」を受けた比率は、飲み物やお菓子に比べて圧倒的に低くなっている。お金というのは物品とは異なり、冠婚葬祭や災害時の寄付など特定の場合に使われたり、同情からの施しや社会的不正である贈収賄に通ずる感覚があるために、贈与の対象とはなりにくいのであろう。お金の「お接待」比率は低いが、五・三％から七・七％の間で推移している。

（図（3）三・二）は交通手段別お菓子の「お接待」比率である。どの年度も歩きの比率が自家用車や団体バスよりかなり高くなっている。自家用車と団体バスでは、ほとんど差がない。

③　お金の「お接待」比率

（図（3）三・三）は、歩き、自家用車、団体バス別に見たお金の「お接待」比率である。お金の「お接待」を受けているのは歩きが圧倒的に多く、自家用車や団体バスとの差は一〇倍程度になっている。ただ、歩きにおいても、この五年間の比率を見ると少しずつお金の「お接待」を受ける割合が減っている。そうではあるが、これだけの差は、歩きの人が札所や遍路道沿道で地域の人と出会って、お金を含むさまざまな「お接待」を受ける機会の多いことを示している。

以上のような傾向は、早稲田大学道空間研究所の調査においても同様の傾向が示されている（坂田一九九九）。この調査の主要メンバーである坂田正顕は、遍路する人を「歩き遍路」と「車遍路」の二つに分けて、「お接待」を受けたと回答している比率は、歩き遍路で八六・四％、車遍路で六六・二％であったという。我々が実施した繁多寺調査でも同様の傾向であり、坂田は「一般に現代では、遍路沿道沿いでの沿道接待は歩き遍路が対象であり、車道を走り去る車遍路に沿道接待の機会はほとんどない。にもかかわらず車遍路の六割強がお接待を受けているのは、札所の境内ないし門前接待があるからであろう。」と書いている（長田、坂田、関　二〇〇三：二八〇）。車遍路では、札所周辺以外に車を停める機会は食事、休憩、宿泊、観光などであるが、そのような場合に「お接待」を受ける機会は少ないだろう。

お金の「お接待」を受けたと回答した人は、早稲田大学道空間研究所の調査では、歩き遍路において五一・五％、車遍路において三％となっており、この数値は歩き遍路の比率が非常に高く、団体バスや自家用車の比率が低かった我々の調査と同様の傾向を示している。早稲田大学道空間研究所の調査は一九九六年に実施されており、我々の調査は二〇一四年から二〇一八年であり、この間この傾向は持続していると見ることができるだろう。

このことについて坂田は、歩き遍路と車遍路とでは、「沿道地域住民とのコミュニケーションの内実に大きな相違が想定され、さらに歩き遍路と車遍路の違いが「遍路経験の琴線に触れるような深い次元」の違いであることを示唆している（坂田　二〇〇三：二八一）。これに関し、第一章で紹介した四国遍路巡拝記での「お接待」事例が如実にそのことを示している。歩き遍路は遍路沿道の人と出会う機会が多く、またお大師様の化身として「お接待」の対象となるため、お金の「お接待」の比率がこれほどまでに大きくなるのであろう。

調査では、お金の「お接待」の金額について尋ねており、それらを集計したのが（表（3）三・一）である。お金の「お接待」の金額について、五回の調査において二二六人が具体的に金額を記入しており、それらの平均額は一二八七・二円、最も頻度の多い額は、千円で九一人、次は五百円で五二人となっていて、合わせ

（表（３）三・一）　お金の「お接待」の金額（実数）

金額	2014年	2015年	2016年	2017年	2018年	区分
4			2			① 500円未満のグループ
5					2	
10			4			
50	1	2		1		
100	5	9	5	3	1	
120					1	
150	1	2		2		
200	1	3		1		
300	1	1	2			
330		1				
400		1				
500	9	20	12	4	7	② 500円から1500円のグループ
600		1				
1,000	23	20	23	18	7	
1,100			1			
1,500				1		
2,000	1	3	2			③ 2000円以上のグループ
2,500		1				
3,000			2		1	
4,000		1				
5,000	1	5	2			
10,000	3	3	2			
20,000				1		
計	46	73	57	31	19	
平均	1,428	1,384	1,250	1,366	723	

（図（3）三・四）　お金の「お接待」を受けた人の推移（実数）

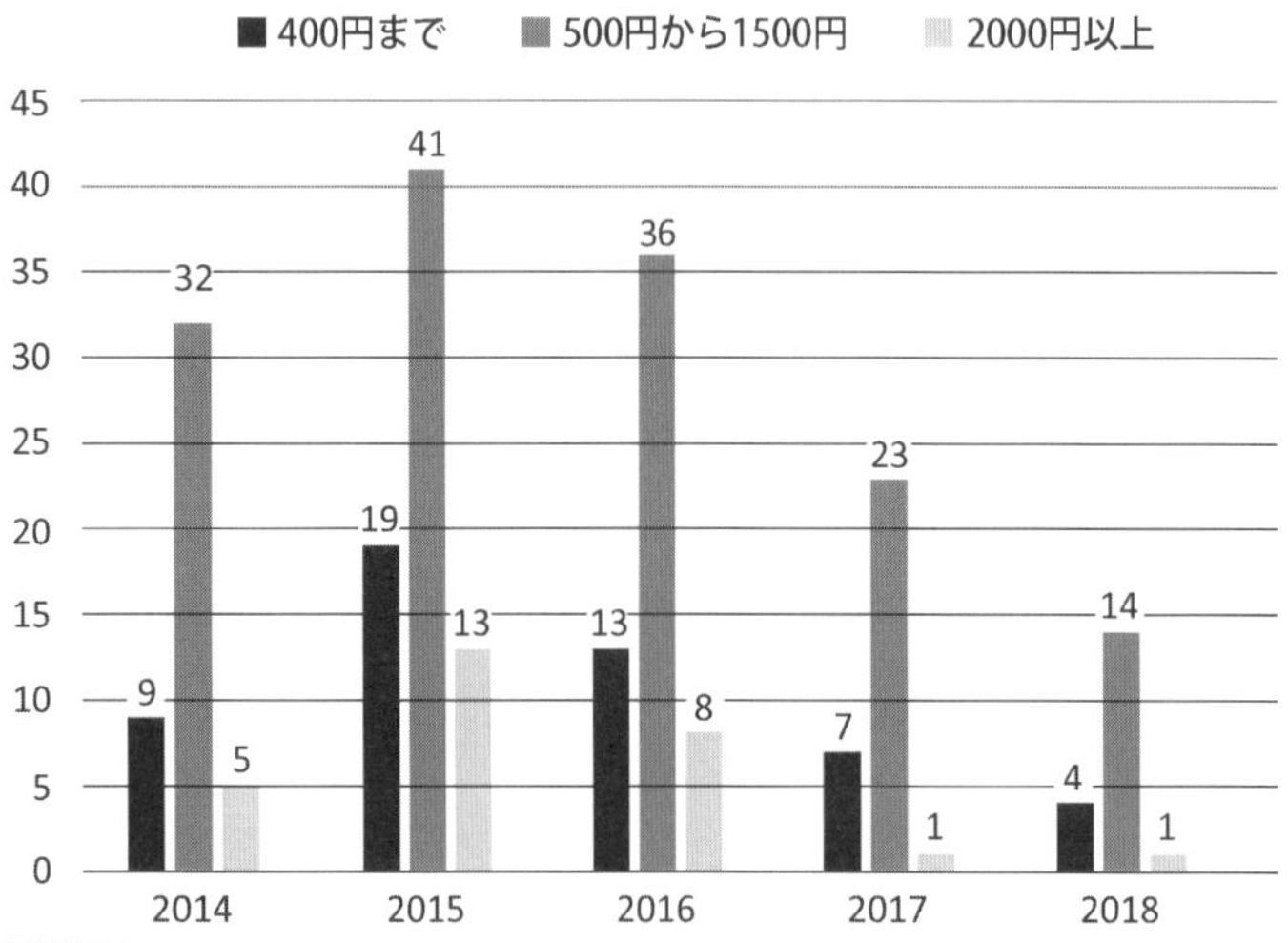

て「お接待」金額回答者の半数を占め、五百円と千円がお金の「お接待」の標準となっているようである。最高額は二万円で一名、一万円は八人、五千円は八人であった。お金の「お接待」を受ける人は多いとは言えないが、毎年回答者の六%前後の人が受けている。

さらに、お金の「お接待」の金額について分類してみると、①五百円未満のグループと、②五百円から千五百円のグループ、③二千円以上のグループに分けることができるだろう（表（3）三・二）。①のグループは、自動販売機でお茶やジュースでも飲んでもらいたいという気持ちから、②のグループはお金の「お接待」ならこれくらいという気持ちから、③のグループは特別な出会いや思いがあって「お接待」をしたいという気持ちからしているのではないかと推測される。四国遍路巡拝記においても、しばしばそのような気持ちで行われていることが示されている。

（図（3）三・四）は三つのグループの年度変化を見たものである。五年という短い期間であるが、お金の「お接待」は減りつつあるように見える。ここでは、実人数で示しているので遍路者の増減を考慮する必要はある

（図（3）三・五）歩き遍路の割合

上：人数　下：遍路者全体に占める割合

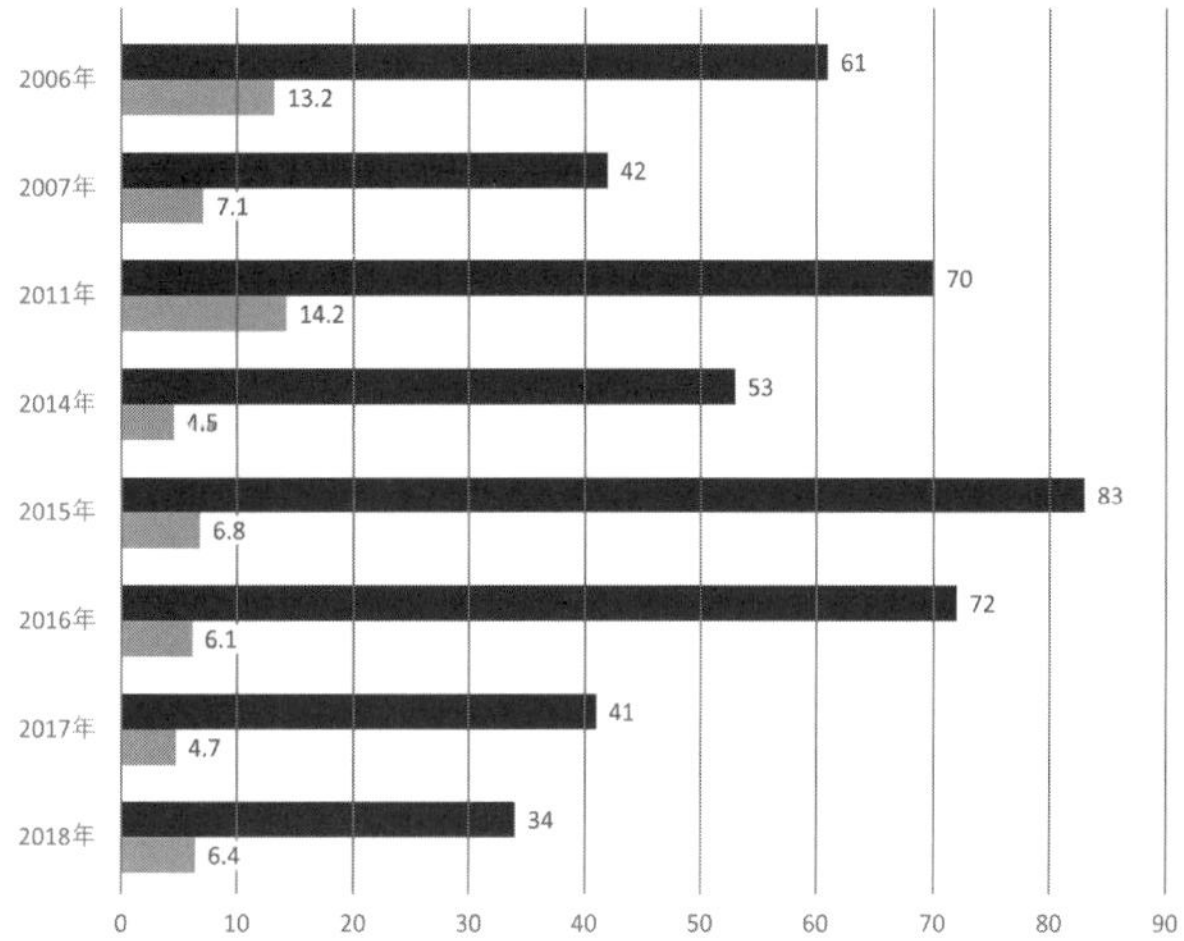

が、二〇一四年から二〇一五年に増加しそこからどのグループも減少している。

2　歩き遍路の傾向

次に、現代の歩き遍路について、その傾向を調査データより探ってみよう。歩き遍路の全体に占める割合、歩き遍路の年代、通し遍路か区切り遍路か、遍路の目的、歩き遍路でない人に歩き遍路をしたいかどうかについて検討する。

①　各年の歩き遍路の割合

歩き遍路の全体に占める割合は四・五％から一四・二％で調査年ごとに若干の増減を繰り返している。八回の調査を合わせた回答者総数に占める割合は七・八％である。人数では、各年の調査期間中（だいたい六日間）において、三四人から八三人で、平均すると五六・八人であるが、二〇一七年は四一人、二〇一八人は三四人と若干減少気味である。

（表（3）三・二） 歩き遍路の年代の比率（実数）

	2006年	2007年	2011年	2014年	2015年	2016年	2017年	2018年
10代	3.3% (2)	2.4% (1)	4.3% (3)	1.9% (1)	0% (0)	1.4% (1)	2.4% (1)	0% (0)
20代	11.7% (7)	9.5% (4)	10.0% (7)	9.4% (5)	7.2% (6)	4.2% (3)	7.3% (3)	6.1% (2)
30代	11.7% (7)	16.7% (7)	1.4% (1)	15.1% (8)	9.6% (8)	8.3% (6)	4.9% (2)	9.1% (3)
40代	1.7% (1)	7.1% (3)	4.3% (3)	3.8% (2)	14.5% (12)	9.7% (7)	7.3% (3)	12.1% (4)
50代	11.7% (7)	21.4% (9)	12.9% (9)	11.3% (6)	13.3% (11)	13.9% (10)	19.5% (8)	18.2% (6)
60代	45.0% (27)	31.0% (13)	47.1% (33)	37.7% (20)	43.4% (36)	37.5% (27)	34.1% (14)	42.4% (14)
70代以上	25.0% (9)	11.9% (5)	20.0% (14)	20.8% (11)	12.0% (10)	25.0% (18)	24.4% (10)	12.1% (4)
合計	100.0% (60)	100.0% (42)	100% (70)	100% (53)	100% (83)	100.0% (72)	100.0% (41)	100% (33)

早稲田大学の道空間研究所が一九九六年に実施した調査では、遍路全体に占める歩き遍路の割合は、一〇・三％となっている（坂田、一九九九：三〇）。調査は各地にある宿坊を利用した地点留め置き回収法により行われているので、数値の違いは調査方法の違いも影響しているであろう。

繁多寺で二〇〇六年から二〇一一年に三回実施した調査の平均は一一・二％で、一九九六年の状況とあまり変わっていないのではないかとみられる。しかし、二〇一四年から二〇一八年に五回実施した調査の平均は五・七％で、その五年間は四・五％から六・八％の間を上下しており、それまでの五年間に三回実施した調査と比較すると減少傾向であることがわかる。歩き遍路は遍路全体の一割前後を維持してきたが、若干であるが減少の兆しが見える。

② 歩き遍路の年代

歩き遍路の総数は、八回の調査を合わせて四五四人である。これらの人の年代は（表（3）

（図（３）三・六）通し遍路の比率
（上　歩き遍路の比率　下　遍路者全体の比率）

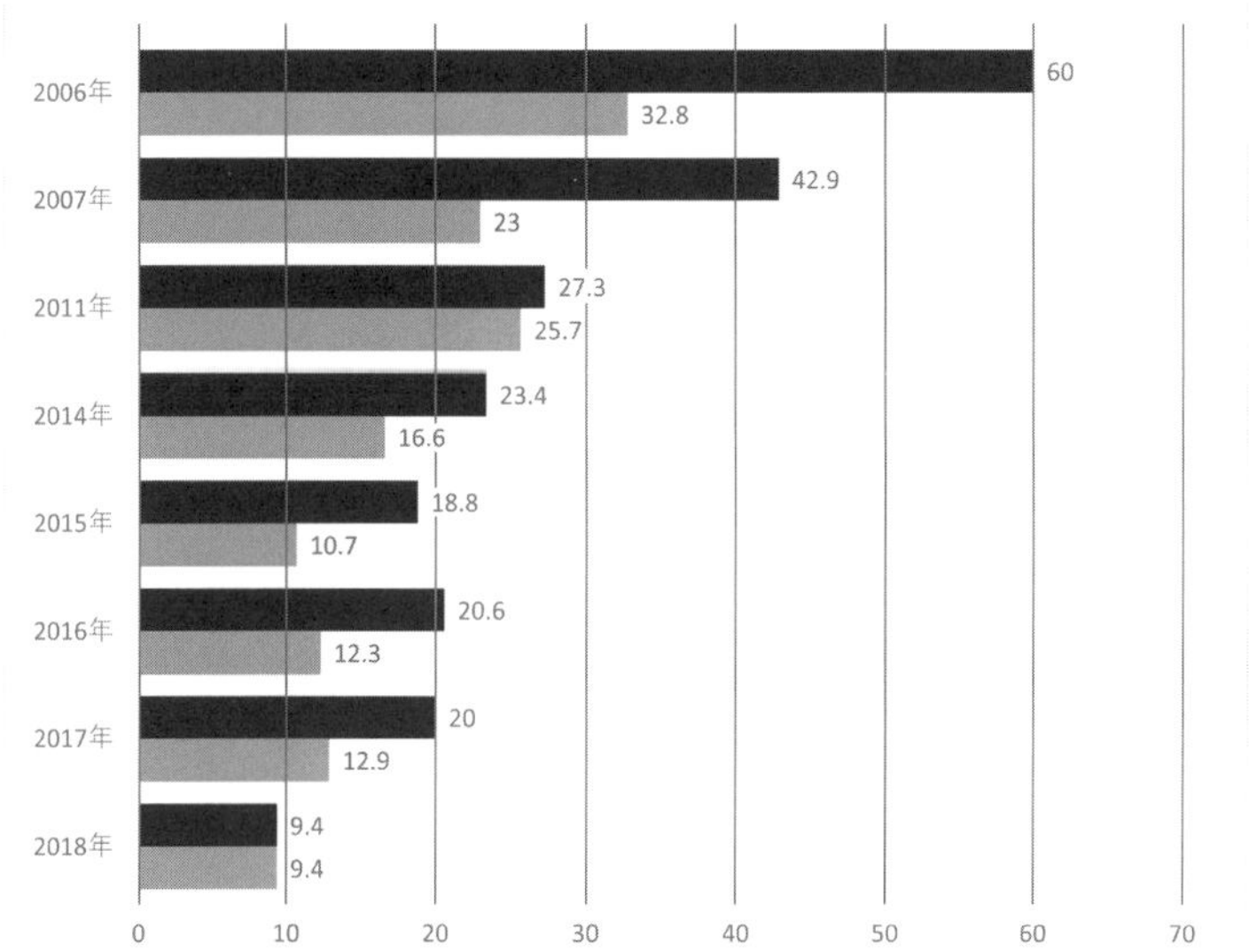

三・二）のとおりである。

歩き遍路を年代別に見てみると、八回の調査の平均で六〇代が四〇・五％、七〇代以上が一七・八％で合わせて五八・三％を占めている。歩き遍路の半数以上は六〇代以上である。中年層（四〇代と五〇代）が二二・二％、若者層（一〇代〜三〇代）が一九・四％とそれぞれ二割程度である。八回の調査を通じて、ある年代が増加しているというようなことはみられない。

③　通し遍路か区切り遍路か

八八か所の札所を一度の行程で巡拝するのか（通し打ち遍路）、それとも何度かに分けて巡拝するのか（区切り打ち遍路）についてである。調査年が進むにつれて通し打ち遍路の比率が次第に低くなっている。二〇〇六年調査では歩き遍路の半数以上が通し打ち遍路であったが、次第に低下し二〇一八年調査では一割以下となっている。歩き遍路に限らず、遍路する人全体が区切り打ち遍路をする傾向を示しているので、それと比較すれば、歩き遍路は通しで行く人が、遍路全体より比率的になお高くなっている。

④　歩き遍路の遍路目的

（表（3）三・三）を見ると、歩き遍路をする人たちにおいて、八回の調査を通じて次第に増えたり減ったりしている遍路目的はみあたらない。この一二年間で歩きの人の遍路目的はあまり変化していないようである。八回の調査の平均比率で見てみると、多い順に、①「健康のため」三四％、②「自分の生き方と向かい合うため」二五・七％、③「精神修養」二五％、④「先祖・死者の供養」二四・八％、⑤「チャレンジ」二二・一％となっている。上位三つは長い行程を歩き続けるという行為それ自体にかかわっているものが選ばれている。

歩きの人は遍路者全体で最もよく選ばれている「先祖・死者の供養」をあまり選ばず、遍路者全体で三番目に多い「祈願（大願成就）」もあまり選ばず、「信仰」も遍路者全体と比べて少なくなっている。それらは札所内で行う巡拝作法にかかわるものである。

逆に、歩きの人が遍路者全体より多く選んで、全体比率との差が大きいのは、差が一一・四％の「チャレンジ」、差が八・一％の「人との交流」、差が六・八％の「精神修養」である。長い道のりを歩く際に感じられる「チャレンジ」、「人との交流」、「精神修養」が遍路目的として歩きの人に多く選ばれている。歩き遍路の目的の中で多く選ばれているのは、遍路に出る際の目的ではなく、歩き遍路をすることによって生じてくる目的であると言える。

⑤　歩き遍路をしたい人について

歩き遍路でない人に、歩き遍路をしたいかどうか二〇一一年調査より尋ねて、二〇一一年では八一・八％

（表（３）三・三）歩き遍路の遍路目的の比率（実数）

	2006 年	2007 年	2011 年	2014 年	2015 年
死者・先祖の供養	19.7% (12)	16.7% (7)	28.6% (20)	20.8% (11)	23.2% (19)
全体比率	39.3% (181)	33.8% (200)	42.0% (207)	40.1% (477)	36.4% (442)
信仰	3.3% (2)	4.8% (2)	8.6% (6)	0% (0)	7.3% (6)
全体比率	14.3% (66)	12.8% (76)	13.4% (66)	13.7% (163)	12.4% (151)
祈願 (大願成就)	6.6% (4)	11.9% (5)	17.1% (12)	11.3% (6)	18.3% (15)
全体比率	18.0% (83)	24.8% (147)	26.4% (130)	28.2% (335)	30.4% (369)
精神修養	24.6% (15)	16.7% (7)	38.6% (27)	20.8% (11)	26.8% (22)
全体比率	22.1% (102)	14.2% (84)	25.4% (125)	16.9% (201)	18.9% (229)
病気の治療	1.0% (1)	7.1% (3)	0% (0)	3.8% (2)	6.1% (5)
全体比率	5.6% (26)	8.1% (48)	7.9% (39)	10.7% (127)	10.8% (131)
観光	4.9% (3)	9.5% (4)	18.6% (13)	7.5% (4)	22.0% (18)
全体比率	8.7% (40)	12.3% (73)	12.2% (60)	13.9% (166)	18.3% (222)
健康のため	41.0% (25)	21.4% (9)	24.3% (17)	36.9% (21)	42.7% (35)
全体比率	31.0% (143)	25.3% (150)	32.5% (160)	32.1% (382)	32.4% (393)
人との交流	16.4% (10)	9.5% (4)	20.0% (14)	18.9% (10)	18.3% (15)
全体比率	7.6% (35)	3.7% (22)	12.4% (61)	10.6% (126)	8.2% (100)
自分の生き方と向かい合うため	27.9% (17)	11.7% (5)	24.3% (17)	26.4% (14)	25.6% (21)
全体比率	14.1% (65)	7.9% (47)	20.7% (102)	18.2% (217)	17.1% (207)
悩みから自分を解放したい	3.3% (2)	2.4% (1)	4.3% (3)	1.9% (1)	1.2% (1)
全体	3.0% (14)	1.5% (9)	4.3% (21)	3.4% (41)	3.9% (47)

（表（３）三・三） 歩き遍路の遍路目的の比率（実数）（続き）

	2016年	2017年	2018年	8回の平均
死者・先祖の供養	34.7% (25)	20.0% (8)	32.4% (11)	24.8% (113)
全体比率	34.0% (403)	34.9% (302)	33.1% (175)	36.5% (2387)
信仰	11.1% (8)	2.5% (1)	5.9% (2)	5.9% (27)
全体比率	10.8% (127)	12.7% (110)	10.6% (56)	12.5% (815)
祈願 (大願成就)	13.9% (10)	22.5% (9)	17.6% (6)	12.5% (57)
全体比率	36.7% (434)	33.9% (293)	29.2% (154)	29.7% (1945)
精神修養	22.2% (16)	12.6% (5)	32.4% (11)	25.0% (114)
全体比率	18.9% (224)	16.8% (145)	15.5% (82)	18.2% (1192)
病気の治療	6.9% (5)	5.0% (2)	2.9% (1)	4.2% (19)
全体比率	10.8% (128)	11.2% (97)	8.1% (43)	9.8% (639)
観光	15.3% (11)	15.0% (6)	8.8% (3)	13.6% (62)
全体比率	15.7% (186)	15.7% (136)	14.0% (74)	14.6% (957)
健康のため	34.7% (25)	25.0% (10)	38.2% (13)	34.0% (155)
全体比率	31.5% (372)	31.1% (269)	34.8% (184)	31.4% (2053)
人との交流	18.1% (13)	10.0% (4)	23.5% (8)	17.1% (78)
全体比率	8.4% (99)	10.6% (92)	9.8% (52)	9.0% (587)
自分の生き方と向かい合うため	30.6% (22)	22.5% (9)	35.3% (12)	25.7% (117)
全体比率	15.8% (187)	16.4% (142)	18.0% (95)	16.2% (1062)
悩みから自分を解放したい	5.6% (4)	5.0% (2)	6.9% (2)	3.5% (16)
全体比率	4.2% (50)	3.5% (30)	4.4% (23)	3.6% (235)
チャレンジ	27.8% (15)	24.4% (10)	20.6% (7)	22.1% (101)
全体比率	11.8% (140)	9.7% (84)	10.2% (54)	10.7% (698)

（図（3）三・七）　歩き遍路をしたいと思う人の割合

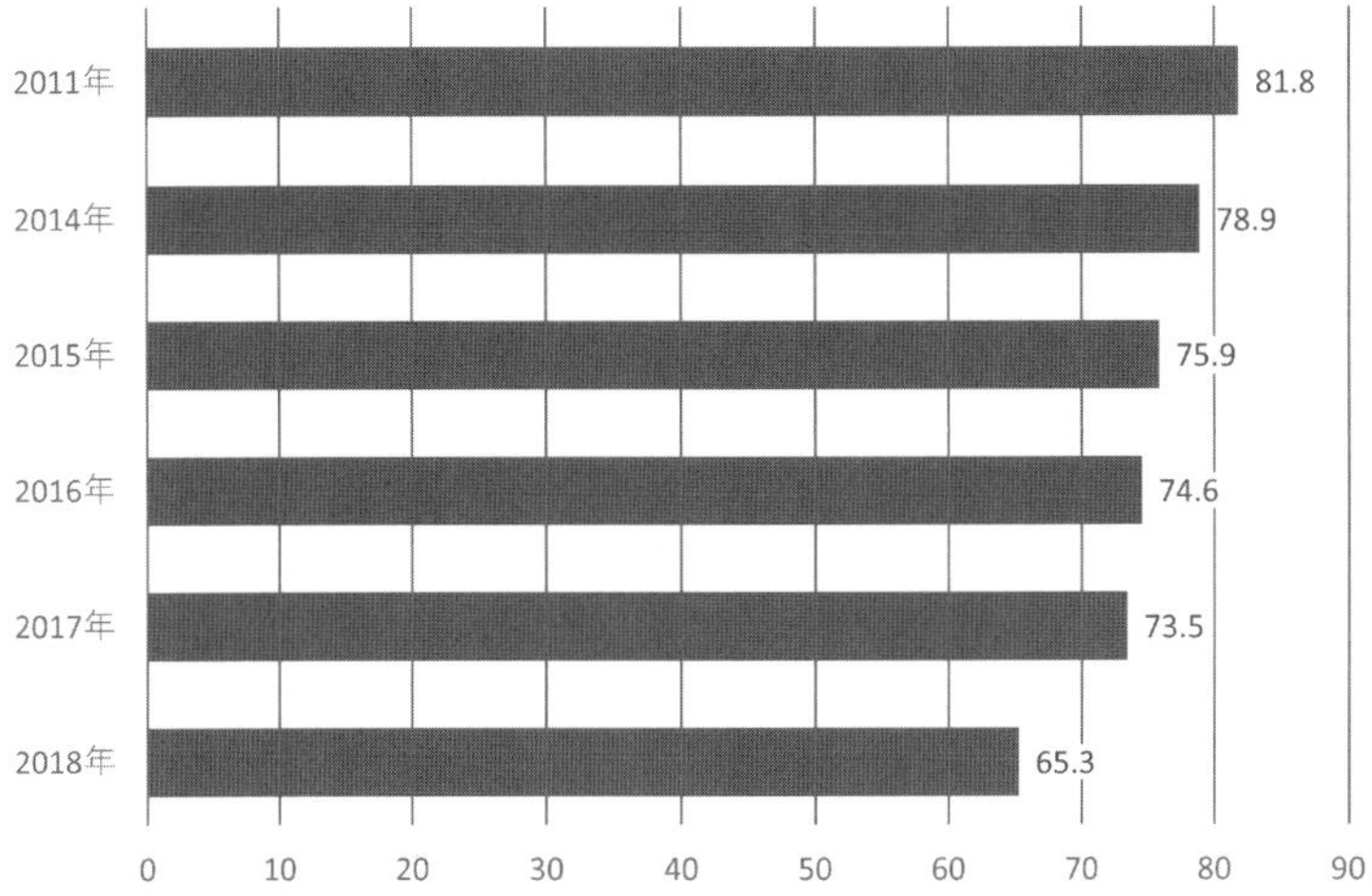

の人が歩き遍路をしてみたいと回答している。

関連する調査をみてみると、早稲田大学道空間研究会の調査において、「遍路は歩きによる道中修行こそ本来の意味がある」という意見に対して、四分の三弱の回答者がそれを認めており、車遍路が調査で八割を占めながらも、全体の七割強の遍路が歩き遍路による道中修行の意義を認めていることを指摘している（早稲田大学道空間研究会　一九九七：一〇九）。このことと、ここでの関連を考えてみると、歩き遍路本来の意義を認めるがゆえに歩いてみたいということになるであろうから、歩き遍路をしていない人が、高い割合で歩き遍路をしてみたいと回答しているのは、早稲田大学道空間研究会の報告書が指摘しているように、理想と現実のギャップを示しているととらえることができる。

（表（3）三・七）を見ると、歩き遍路をしたいと回答した人の比率は、二〇一四年〜二〇一六年のブームに関わりなく、年が進むにつれて少しずつ段階的に減少している。二〇一一年から二〇一八年の七年間に、一六・五％減少している。これは実際に歩いていない人への質問であるが、歩き遍路をしてみたいという意識が減っていることを意味し、今後は歩き遍路を希望する人が減少し、歩き遍路の実人数にも影響する可能性を示している。

【小括】

一、「お接待」で飲み物は半数以上の人が、お菓子では四割以上の人が経験していたが、お金は六％程度であった。

二、お金の「お接待」は自動車や団体バスの人はごく少数だが、歩きの人は四割以上が経験し、お金の金額は千円が最も多かった。

三、歩き遍路が遍路者全体に占める率は、七・八％で、その目的は「健康のため」「自分の生き方と向かい合うため」「精神修養」が多かった。

四、歩き遍路をしたいと回答した人は二〇一一年では八一・八％だが、その後減少していた。

（4）四国遍路と私事化

現代の四国遍路を考えるために、宗教の研究分野において論じられてきた「宗教の私事化」という視点に注目し、この点から考察を進めることにしたい。「私事化」(privatization) については、後述するように、筆者はいじめや不登校など青少年の社会病理問題を考えるための分析概念として使用してきた。一般に、概念の定義や適用の仕方は、研究領域における問題関心や研究対象の違いにより、大きく異なっている。私事化についても同様で、それらを交錯させて論ずることには無理があるかのように思われるが、より総合的な見地から問題を見直してみることにより、新たな論点が浮かび上がってくるのではないかと考える。

本節では、私事化の論点整理をふまえて、繁多寺での質問紙調査で得られたデータについて考察を加える。繁多寺の調査は、四国遍路をする人々を対象として二〇〇六年から二〇一八年の間に八回実施した質問紙調査であるが、官公庁など公的な機関による遍路の経年調査は行われておらず、継続的な定点観測として意味を持つものであり、そのデータから現代の四国遍路について考えたい。

1　私事化について

私事化の概念は、公的事象よりも私的事象を優先させる傾向として、さまざまな分野で使われている。私事化の概念を個人的態度や生活の次元に適用することは、社会学や政治学等の分野で広く行われてきた。公的事象よりも私的事象を優先させる傾向を人々の意識や生活態度に読み取る研究は一九八〇年代の前半頃より行われ、新入社員が残業よりデートを選ぶ新人類と言われた人たちの行動、私的な趣味に埋没するオタク現象、会社より自宅の時間を重視するマイホーム主義などの事例が当時の社会現象として注目された。

これらの現象を明示する概念として、私事化、私秘化、私化などの用語が創出され、関連する研究者の間で議論された。森岡清美は「私秘化」という用語で「より小さい単位の私生活が充足的な価値を中心として一層確保される傾向」と規定し（森岡清美、一九八三）、宮島喬は私事化を「社会的・公的事象に対し、私生活上の事象とこれへの関心を優先させる傾向、あるいはそのような生活態度、生活スタイル」と規定した（宮島喬、一九九三）。片桐雅隆は、私化を「親しい人々との関係を重視し、そこにおいて形成され維持される自己を、労働の場や国家などの公的世界における自己のあり方よりも重要とみなす傾向」とした（片桐、一九九六：一九八）。いずれも私生活領域の重視という点で一致している。ここでは、「私事化」の用語でこれらの議論を扱うことにする。

家族論の視点から私事化について考察している磯田朋子と香月保彦は、家族領域において公から私へと向かう私事化の諸相を、「主体の私事化」（主体の領域、単位の問題）と「論理の私事化」（関係や行為の契機、動機の問題）とに分けている（磯田、香月　二〇〇八：六九―七四）。この分類に倣うこととするが、彼らは公的機関の民営化や教育の私事化については言及していないので、私事化の全体像を把握するために巨視的な視点から、彼らの議論に「制度・政策の私事化」を加えることにする。

「主体の私事化」とは、主体の単位がより小さいものに移行する、ないしその関係性を指し、職場と家庭、集団と個人といった関係における、公に対する私性の優先を意味する。会社よりも家庭を重視するマイホーム主義がここにあてはまるが、その結果としての自閉的な意識は次の「論理の私事化」にかかわっている。

そして、公から私へと向かう傾向を人々の意識や生活態度に読み取るものを、「論理の私事化」とする。さまざまな局面に現れるので網羅することは難しいが、それについて検討している磯田と香月の指摘（磯田、香月　二〇〇八：七一）を参考に、その内容を一、規範非拘束性（伝統的規範からの解放）、二、情緒志向（自分の私的な感情や思いを重視する傾向）、三、公的世界への関心の低下（政治への無関心や投票行動に行かないこと、不登校やひきこもりなど公的領域からの退却など）、四、現実的直接的利益追求志向（将来のためよりも直近の利益を求める傾向）とする。

筆者は私事化の概念を，これまでの伝統的な通念や共同体的慣習などから解放され，より自由に個人個人の欲求や意志を表出する傾向のこととして、「既成の人間関係や状況内の中心的行為準則などを対峙化し、自分自身の直接的欲求を、離反ないしは抵抗する形で、忠実に表現しようとする指向性、あるいはそのような生活態度、生活スタイル」と規定し使用してきた（竹川　二〇〇六：一〇八）。それは，生活意識のプライベート化と，生活形態や生活スタイルの個別化のことを意味し、社会意識面での一潮流として，また生活形態の一面として，今日の我々の生活を特徴づけていると考えている。これらのことは、「論理の私事化」に該当するものであり、その内容は前述の一～四を含んでいる。

この「論理の私事化」の傾向が日本の社会で生じている原因について、次のような点を指摘した（竹川二〇〇六：一〇八―一一〇）。

一、経済的発展と大衆消費社会による物的充足指向。
二、公的なものに対する反発としての私生活防衛指向。
三、住環境における私生活の不干渉モラルの強化。
四、企業による私生活の取り込みへの抵抗と私生活充実のためのマイホーム主義。
五、権利としてのプライバシー意識の高まり。

これらは現代日本社会で生活する人々の社会的潮流として現在も持続しており、「論理の私事化」は継続的に強まっているとみられる。

政治学の分野において、丸山眞男は近代化のさまざまな局面におかれた個人の態度を、「私化」「原子化」「民主化」「自立化」の四つのパターンに分類し、そのうちの「私化（privatization）」を、個人が政治的権威の中心に対していだく距離が遠く、かつ自発的にすすめる結社形成が弱い場合であると規定した（丸山、一九六五、邦訳一九六八：三七二）。私化した個人は公共の目的よりは個人の私的欲求の充足を志向し、私化した個人の無関心の態度は、自我の内的不安からの逃走というより、社会的実践からの隠遁であるという。

丸山は四つのパターンの相違および他への移行が、社会・政治制度の変動といかなる相関関係にあるか追究することが重要であるとし、必ずしも望ましくない個人の政治的態度のひとつに「私化」を当てて、国民の政治への成熟度を見ようとしており、「主体の私事化」にかかわる議論であろう。

経済や行政など実業界の分野においては、私事化は「民営化」の意味でもっぱら使用されてきた。たとえば公的機関であった日本国有鉄道が民間の日本旅客鉄道株式会社（ＪＲ）に移行するといった現象を指している。その場合には、公的機関を民営化して市場原理の働く環境におくことで、効率性が軽視されていた状態から活力ある企業体へと、顧客サービスや技術開発力が強化されることが意図されている。また、これまでの制度を規制緩和して、民間企業を新規参入させ市場を活性化させようとする場合も含まれる。このことを「制度・政策の私事化」とする。

教育の分野においては、「教育の私事化」の進行が市川昭午によって指摘されている（市川昭午、二〇一三）。彼は教育分野における私事化として、以下のものをあげている。一、設置基準の緩和や補助金交付等による私学部門の拡大。二、国公立部門の私事化。これには、学校五日制等による公教育の縮小、経費の私費負担化、学校選択制などの国公立学校の疑似市場化政策がある。三、学校に生産者／消費者モデルを導入し、これまでの公教育システムの解体。四、教育事業民営化の推進。民間企業に対して教育産業の振興を図る。

このような市川による教育の私事化の指摘は、これまで公共機関あるいは公的な制度であったものが、民営方式の形態に移行したり、制度を規制緩和して市場を開放し私的な運営体の新規参入を促して、市場原理による自由な競争を行うことを意味している。

こうした教育の私事化は、実業界における公的機関の民営化と同様、「制度・政策の私事化」とすることができよう。ただし、前述のように市川は学校週五日制による教育時間の縮小や教材・諸経費の私費負担化によって家庭の比重が増加することも、教育の私事化としている。学校から家庭へということで、公から私への移行であるが、これは「主体の私事化」に含めることができよう。

以上より、私事化をどのようにとらえるかは、私事化の議論の方向性によって大きく三つに分かれる。「主体の私事化」は、当該主体（単位）がより小さいものへと移行する場合である。集団から個人へ当該単位がより小さくなることにかかわっている。「論理の私事化」は関係や動機における公から私へという傾向である。これまでの規範や標準からの離脱ないしは解放と個人の私的な欲求充足にかかわっている。「制度・政策の私事化」は、公的な機関が民営的な機関に、既存の制度が民間の新規参入できる制度に移行することにかかわっている。マクロレベルでの社会の流動化の問題にかかわっている。

2　宗教の私事化について

宗教の研究分野における私事化は、ここまで言及してきた私事化の議論とは別に、それ自体固有の問題として長らく議論されてきた。特に欧米の宗教社会学において、「世俗化」とのかかわりで進められてきた。世俗化とは、「社会と文化の諸領域が宗教の制度や象徴の支配から離脱する過程」（渡辺雅子　一九九三：八七六）である。かつて宗教が国教のような形で強制されていた時代から、市民革命以降政教分離の原則が欧米諸国を中心として広がり、個人の信教の自由が保証されて、宗教の制度や象徴の支配から解放され、世俗化が進行することとなった。ホセ・カサノバは、世俗化の議論には、三つの異なる論点、すなわち一、宗教的な制度や規範から世俗的領域が分化すること、二、宗教的信仰や実践が衰退すること、三、宗教領域が私事化された周辺領域に追いやられていくことが含まれるとしている。（ホセ・カサノバ　邦訳一九九七：

二六八）この分類からすると、宗教の私事化は世俗化の中に含まれる論点だということになる。人々はこれまでの制度や規範にとらわれずに自由に宗教行事に参加したり宗教活動を行い、宗教は個人の消費アイテムの一つとなり、宗教の私事化を生み出すことになった。

ところが、カサノバによると、一九八〇年代の宗教は、四つの出来事によって、全世界的な公共事となり、近代世界におけるその位置と役割の再評価を招いたという。その出来事とは、イランにおけるイスラム革命、ポーランドにおける連帯運動の高まり、ラテンアメリカのサンディニスタ革命その他の政治抗争に際してカトリックが果たした役割、そしてアメリカの政治に再び公的な勢力として姿を現わしたプロテスタント根本主義である。（ホセ・カサノバ　邦訳一九九七：一〇）

そして、それらの現象をカサノバは、宗教の「脱私事化（deprivatization）」と呼んでいる。「脱私事化」とは、個人の宗教的領域および道徳的領域の再政治化と、公共の経済的および政治的領域の再規範化であること（ホセ・カサノバ　邦訳一九九七：一三）。この「脱私事化」は、私事化の進んだ宗教が再び公的なものとなることを意味しているが、それは次のような三つの理由、すなわち一、ある宗教的伝統を私事化された役割に押し込めることはできないこと、二、カトリック教会は民主化のプロセスに一定の役割を演じてきたこと、三、近代市民社会の公的領域に宗教が公的に介入していることによるという。カサノバは、「脱私事化」を単純に反近代的な宗教による近代批判と見るわけにはいかず、現在の近代宗教が私事化するか脱私事化するかは、可変的で歴史的なオプションであると論じている（ホセ・カサノバ　邦訳一九九七：二八〇―三）。

こうした動向は、「制度・政策の私事化」や「脱私事化」が問題となる、宗教的影響力の強い社会に当てはまるもので、日本社会には必ずしも妥当しないのではないかと考えられる。宮家準によれば、「日本人の多くは、特定宗教とは無関係に、自分たちの日々の暮らしの中からはぐくんできた独自の宗教体系を持っている。家や村では冠婚葬祭や年中行事などが、この宗教体系に即して行われている。宮まいりは神社、結婚式は教会、葬式は寺院というように、諸宗教すらもが、この宗教体系に位置づけて、受けとめられているのである。」「こうした宗教は、生活習慣として庶民の間に長く伝承されてきたことから、一般に民俗宗教（folk religion）と呼ばれている。」（宮家準　一九七四：i）「日本の民俗宗教は原始時代の自然宗教に神道、仏教、道教、陰陽道、儒教などの諸宗教が融合、複合した宗教体系である。」「何らかの布教活動を行うことは見られない。むしろ同一の地縁や血縁につらなる人々が、彼らの社会生活にとって必要な慣習として伝承してきたものである。」またこの民俗宗教は、「思想よりは宗教儀礼に重点が置かれている。しかもこれらの儀礼は、守護、生産、産育、治病、栄達、富貴などいわゆる現世利益の希求に応じるものが多い。こうしたこともあってか、民俗宗教はいちじるしく呪術宗教的性格を呈している。」（宮家準　一九七四：九〇）

以上のように、宮家が日本人の宗教を民俗宗教としてとらえたことは、独自の組織宗教を信奉しない多くの日本人の現状を説明していると考えられる。宮家は宗教体系という表現をしているが、それは伝承されてきた慣習と宗教儀礼を指しており、それらが公的なものであるとすれば、これまで言及してきた私事化、特に「論理の私事化」が生じることも十分考えられる。

3　データより見る四国遍路における私事化

四国遍路を「宗教の私事化」の視点から見るとどのようにとらえられるか、四国遍路に関する調査データより考えてみる。データは、調査年度ごとに若干質問内容が異なるため合体させることはできず、ここでは二〇一六年に実施した回答者一一八四人のものを対象とし、他の年で同じ質問がある場合は参考にすることとする。

二〇一五年までの調査データの結果より、筆者は宗教の私事化を示すものとして以下の特徴を指摘した（竹川　二〇一六：六三）。
一、各人の時間的制約や体力に合わせた、八八か所をいっぺんに回る通し遍路から区切り遍路への変化。
二、一律の行動をする団体バスからより自由な自家用車への変化。
三、現世利益や現代的快楽を求める現実主義としての「祈願（大願成就）」と「観光」目的の増加。
四、テレビ番組に倣って札所を巡る人がいること。

区切り遍路や自家用車の利用が増加することは、宗教的行為としての四国遍路に、「論理の私事化」が見られることを示している。かつての四国遍路はいったん巡拝に出ると病気やけがなどよほどのことがない限り八八か所すべてを巡るものであったが、繁多寺での調査によれば、この一〇年間で通し遍路の比率は下がっている。自家用車利用の比率も調査期間中（二〇〇六年～二〇一六年）で増加しており、この二点から見ても、苦労して従来通りに八八か所を巡拝するのでなく、自己流にカスタマイズして巡拝しようとする傾向が見られる。

「祈願（大願成就）」と「観光」目的の増加は、現実的直接的利益追求としての「論理の私事化」を示すものである。特に「祈願（大願成就）」は、個人それぞれの現世利益を実現することを願うものであり、この傾向について調査データより検討する。「観光」については増加の幅が小さいので、ここでは指摘するだけにとどめておく。

データでは、「祈願（大願成就）」は、遍路目的の一一の選択肢（「その他」を除く）のうち、二〇〇六年では四番目であったが、二〇一六年には第一番目に多く選択される遍路目的となった。年代別についてはすでに言及したように（表（3）二・二）、特に五〇代に増加の傾向が顕著に出ていた。

（図（3）四・一）は、「あなたは今回どんな人と遍路していますか」と遍路同行者別で「祈願（大願成就）」

（図（３）四・一）　遍路同行者別「祈願（大願成就）」目的の比率

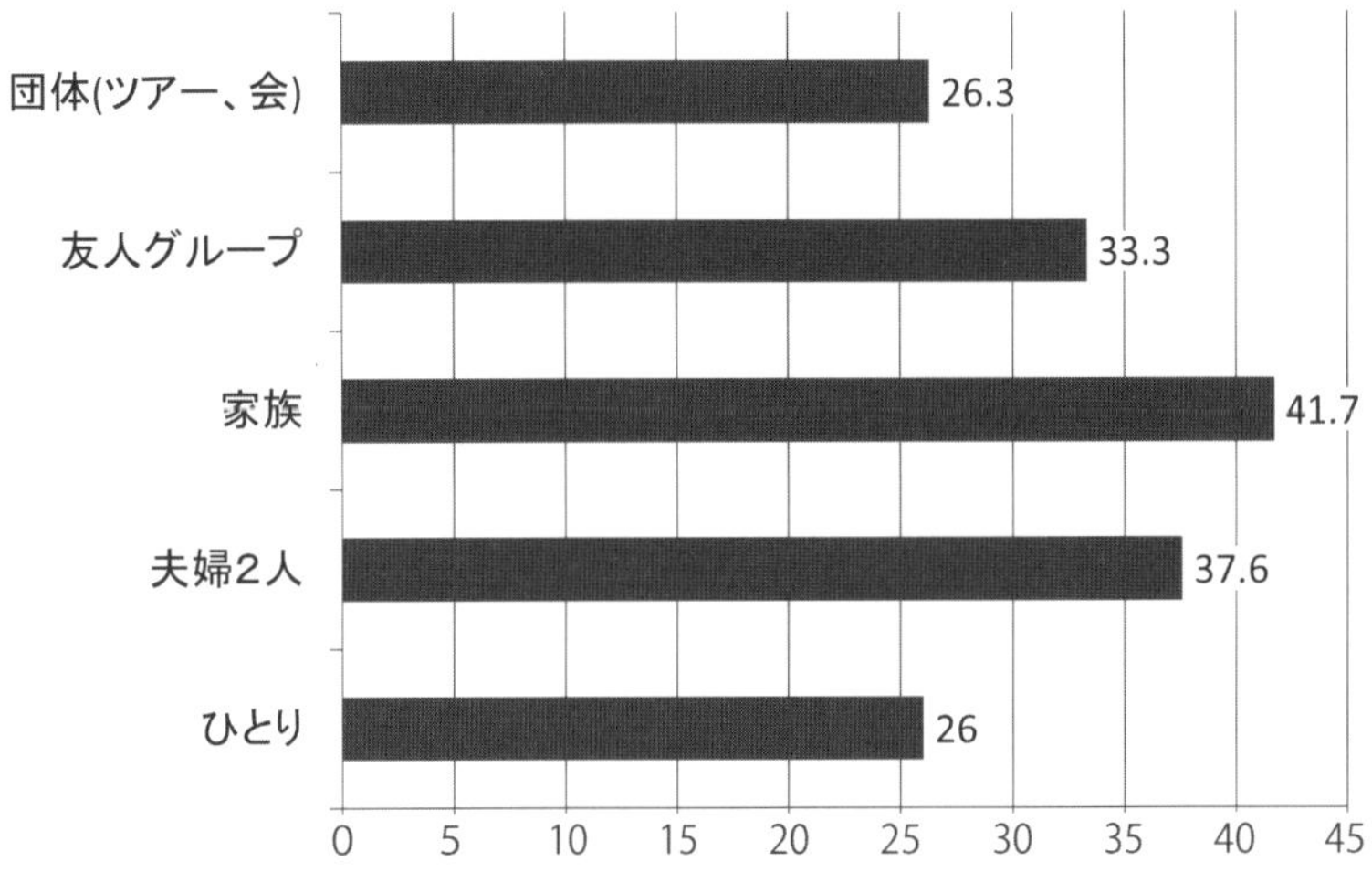

目的の比率を示したものである。「家族」と「夫婦二人」が高い比率となっており、身内のグループで「祈願（大願成就）」目的の遍路に出る人が多いとみられる。

現世利益志向を示す「祈願（大願成就）」の比率が、親密な家族に関する人たちの間で高くなっており、「主体の私事化」（公への私性の優先）と「論理の私事化」（現実的直接的利益追求志向）の傾向が出ている。

（図（３）四・二）は、遍路回数別に見た「祈願（大願成就）」目的の比率を示したものである。遍路の回数が少ないほど、「祈願（大願成就）」を遍路目的として選択する比率が高くなっている。

この一〇年で「祈願（大願成就）」を選択する人は増え、二〇一六年に選択肢の中で最も多く選ばれたのだが、遍路一回目の人が「祈願（大願成就）」を選んでいるのは、二〇一四年では二七％、二〇一五年では三一・九％、二〇一六年で四二・二％となっていて、二〇一六年に遍路一回目の人が多く選んでいることがわかる。二〇一四年では遍路回数によって「祈願（大願成就）」の選択に差はなく、二〇一五年で少し差がつき、二〇一六年で（図（３）四・二）のような傾向

（図（3）四・二） 遍路回数別「祈願（大願成就）」目的の比率

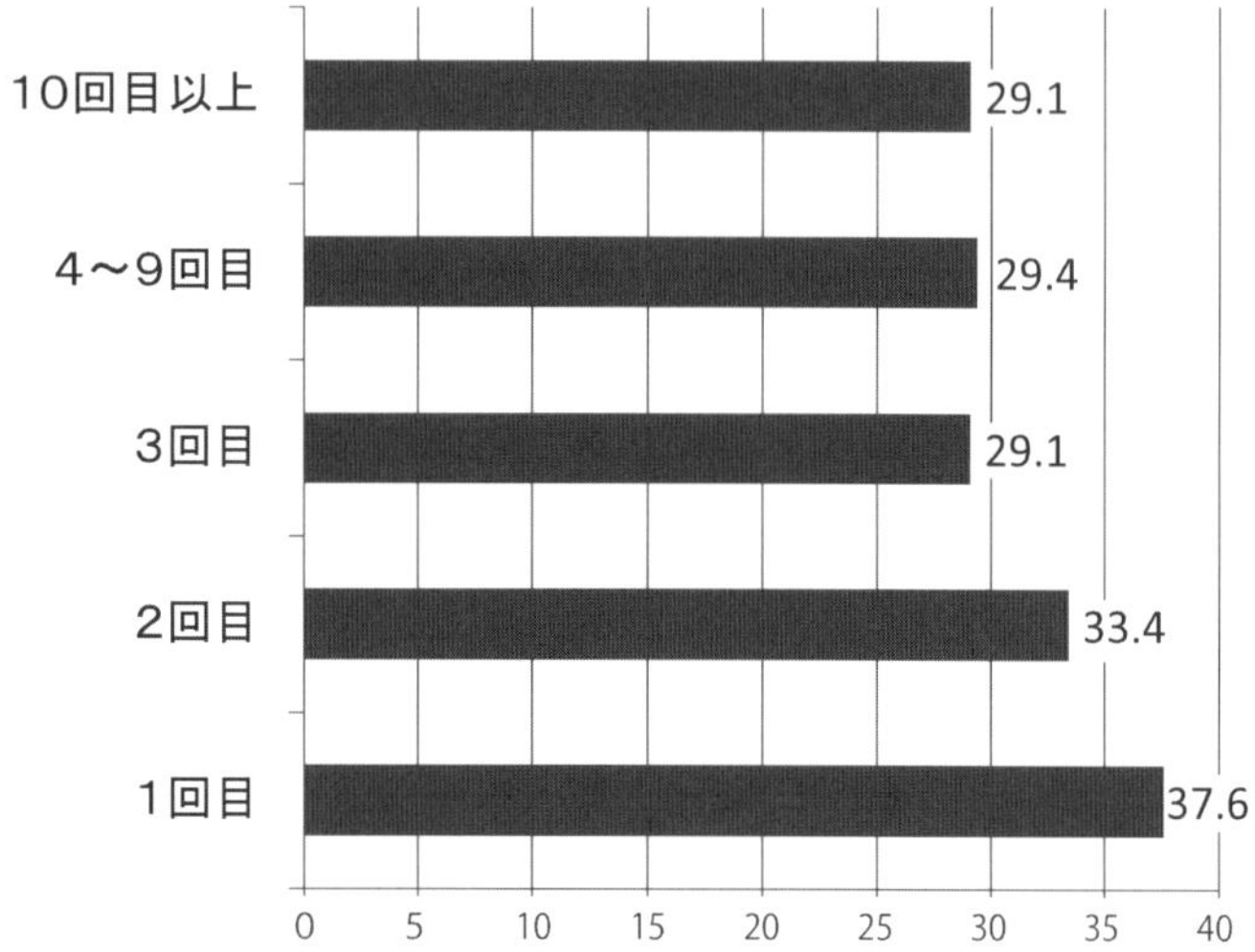

（図（3）四・三） 遍路同行者別般若心経を必ず唱える比率

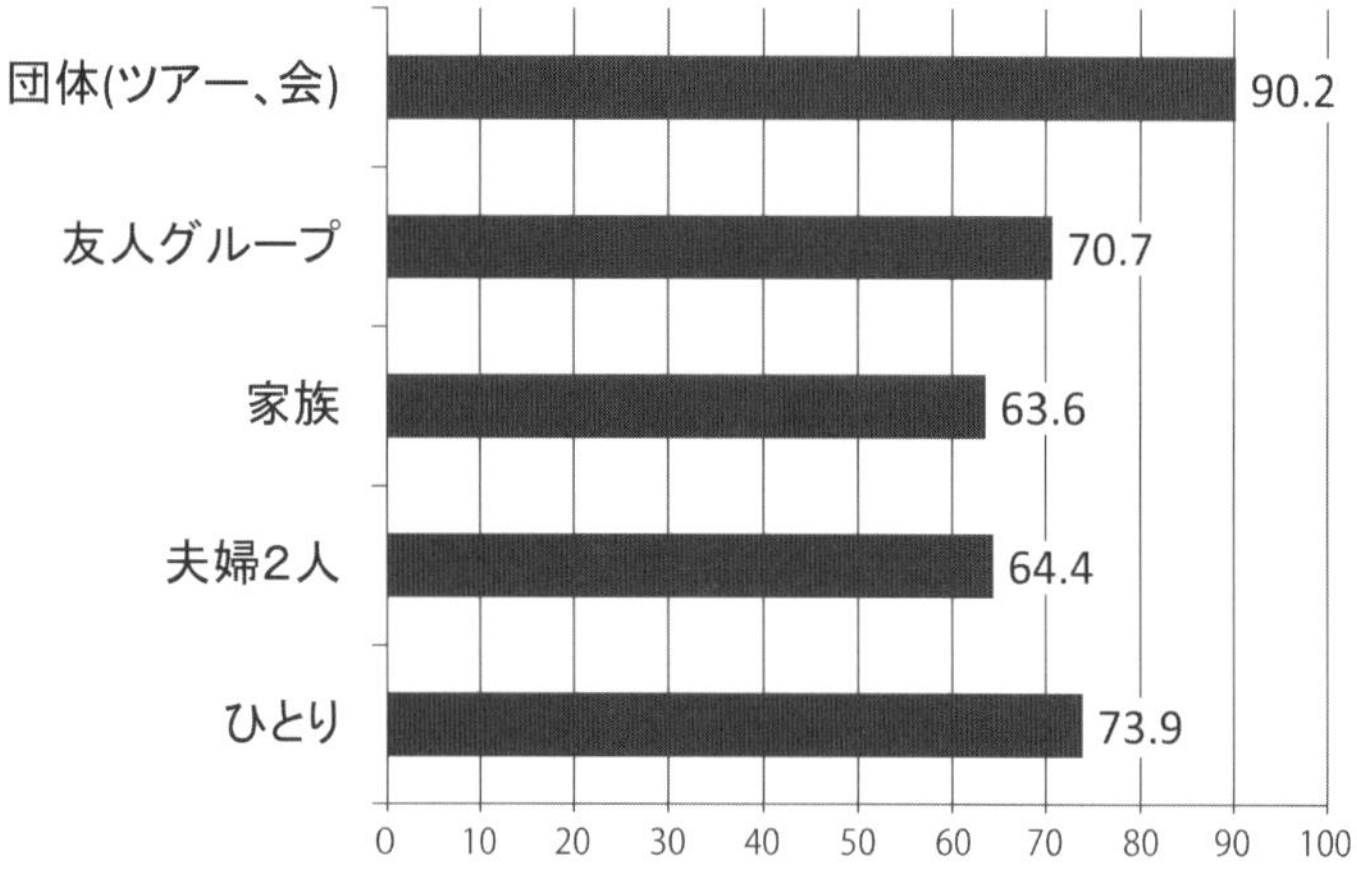

（図（3）四・四）　遍路回数別般若心経を必ず唱える比率

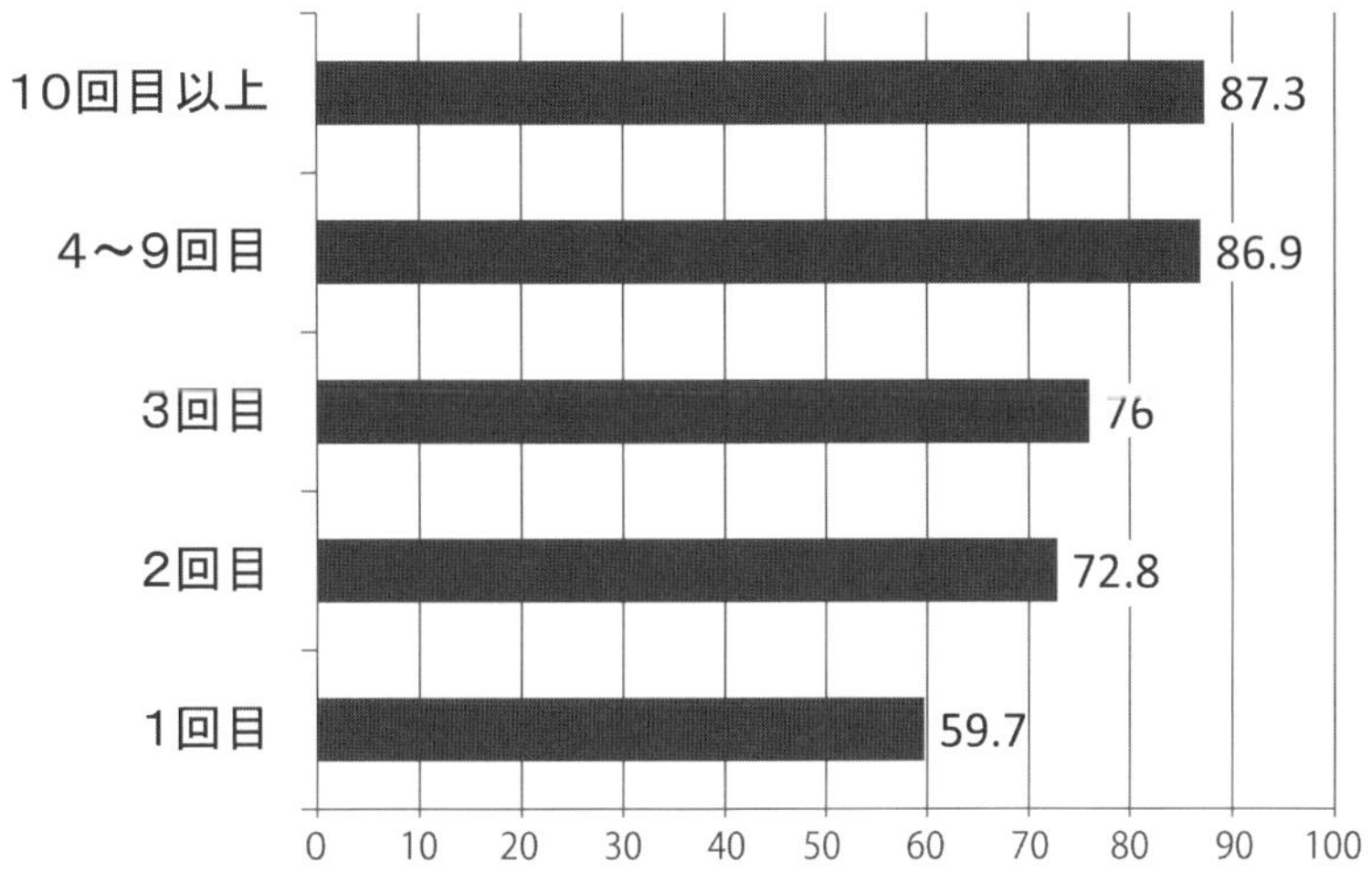

となっている。

新しく増えた人たちに現世利益を求める人が多くなっており、「論理の私事化」（現実的直接的利益追求志向）の傾向を見いだすことができる。

（図（3）四・三）は、遍路同行者別に般若心経を必ず唱えると回答した人の比率を示したものである。団体（ツアー、会）の人たちは、般若心経を必ず唱えると九〇・二％の人が回答しており、ほとんどの団体はグループで般若心経を唱えるからであろうか、高い比率となっている。「ひとり」や「友人グループ」の人でも、七割以上の人が必ず唱えると回答している。逆に低くなっているのは、「家族」と「夫婦二人」である。「となえない（知らない）」と回答している「家族」あるいは「夫婦二人」は、ともに二三％であった。難解とされている般若心経を必ず唱える人は遍路する人の七割（二〇一六年は七〇・二％）におよび、四国遍路の作法に従っているのであるが、「家族」あるいは「夫婦二人」を中心とする二割ほどの人（二〇一六年は一八・九％）は、そうした作法を知らずに、あるいは無視して自己流に巡拝している。

（図（3）四・四）は、遍路回数別に般若心経を必ず唱える比率を示したものである。遍路回数が増えるに従って般若心経を必ず唱えると回答した比率が高くなっている。遍路経験が深まるにつれて、般若心経を唱えることは必須の巡拝行為となっていくのであろう。けれども、浄土真宗は根本経典を『浄土三部経』、日蓮宗・法華宗は根本経典を『法華経（妙法蓮華経）』とするため、般若心経を唱える必要がないとされており、また遍路する人の中には仏教信者以外の人もおり、必ずしもすべての人が唱えるべきということではない。にもかかわらず、遍路回数を重ねるにつれて般若心経を必ず唱える人が増えており、遍路の作法に従おうとする傾向がうかがえ、ここでは私事化と逆の傾向がうかがえる。このことは、カサノバの「脱私事化」の傾向であるともとらえられるが、特に最近になって新しく生じていることとは考えられないので、本節で見てきた私事化の議論とは異なる傾向としてとらえるべきであろう。

4　四国遍路の私事化

欧米の研究者にとって、世俗化や私事化の問題は、「制度・政策の私事化」にかかわる面が強く、歴史的に影響力の強かった宗教が、社会への影響力を弱めているのかどうか、そして弱めているとすれば社会はどのように変容しているのか、ということが主要な関心事であった。しかし、日本では欧米社会ほどには宗教が社会的影響力を持たず、現代においても宮家が指摘しているように（宮家　一九九四：三―五）、生活習慣として伝承されてきた民俗宗教として、宗教にかかわる行為が行われており、四国遍路もそのようなもののひとつとして行われていると見ることができる。四国遍路が、実態のつかみにくい「ゆるい」巡礼であると言われるのも、宗教の社会的影響を反映した規制がなく、現代の日本人にとって初詣やクリスマスと同様、抵抗なく行いうる民俗宗教の要素を持っているためであろう。

そのような日本的特殊性があるとすれば、四国遍路における宗教の私事化の議論は、本章で言及した私事化、特に「論理の私事化」（人々の意識や生活態度において公から私へと向かう傾向）や「主体の私事化」（主体の領域が縮小する傾向）がどれほど見られるのか、四国遍路をする人々の行動や意識について考察するのが有効であろうと考え、調査データより私事化にかかわる項目について検討してきた。本節で論及したことはわずかであるが、それらについてまとめてみる。

遍路目的を尋ねた中で八回の調査において次第に増加した「祈願（大願成就）」について、遍路同行者と遍路回数について検討した。「祈願（大願成就）」を選択する率が高かったのは、「家族」あるいは「夫婦二人」で、彼らの現世利益志向が見いだせ現実的直接的利益追求志向としての「論理の私事化」が現れており、また親密な人たちによるということでマイホーム主義に共通する「主体の私事化」が現れている。遍路回数では、遍路一回目の人に「祈願（大願成就）」を選択する比率が高くなっており、現世利益志向で四国遍路をはじめる人たちの多いことが見いだせた。

日本における大戦後からの私事化（特に「論理の私事化」）は、前述したようにさまざまな要因によって拡大しており、四国遍路をする人々、とりわけ始めて遍路する人たちに影響して、自分たちのスタイルで巡拝する人たちが現れることとなった。般若心経を唱えることについては、いっしょに遍路する者と遍路回数によってどのような特徴が見られるか検討した。般若心経を必ず唱えるかどうかでは、「家族」あるいは「夫婦二人」で遍路をしている人たちにおいて少なくなっており、四国遍路の作法によらない私的な巡拝を行う（規範非拘束性を示す「論理の私事化」）傾向が見いだせた。

一方、遍路回数別に見た「般若心経を必ず唱える」と回答した比率では、遍路回数の多い人ほど「般若心経を必ず唱える」と回答した比率が高くなっており、遍路経験につれて遍路作法に従うようになる傾向が示された。このことは、カサノバの「脱私事化」の傾向であるともとらえられるが、特に最近になって新しく生じていることとは考えられないので、本節で見てきた私事化の議論とは異なる四国遍路の本来的な傾向と考えられる。

遍路経験を積むにつれて、自分たちのスタイルを私的な快適さに合わせていくのではなく、難解な般若心経を必ず唱える人が増え（図（3）四・四）、信仰を目的とする人が増え、死後の世界はあるという意見に賛同する人が増えている（表（3）二・五）。このように、本来のお大師信仰に則った遍路行為を行い、精神的内面化を深化させる方向に向かう傾向が私事化の傾向とは別に見られた。

四国遍路の私事化とはどういうことかあらためて考えてみると、私事化のもともとの含意として、公的事象よりも私的事象を優先させる意味があるので、ここでの公的事象とは一般の人々にとって、お大師信仰と札所を巡る際の巡拝作法ということになり、私事化はそこからの私的な願望的行為の実行や利便性の優先ということになるだろう。本章では、現世利益を求める「祈願（大願成就）」目的、便利な自家用車で行くこと、般若心経を唱えないこと、「家族」や「夫婦二人」による親密な巡拝がそのようなものとして、それらの傾向がみられることを考察してきた。また、テレビ放送を見て、それに倣って札所を巡るのも、私的な願望行為の実行であり、私事化の傾向を持ち自由な巡礼スタイルの一つであろう。

現代の四国遍路においては、一方で、ゆるい巡礼に加えて更に私事化された巡礼を行う人たちが、自分たちのスタイルに合わせた遍路を行う傾向がある。四国遍路開創一二〇〇年など、マスメディアが大きく取り上げて人々の関心が四国遍路に集まると、自由なスタイルで巡拝する人たちが増加する。

他方で、四国遍路に魅せられて何度も巡り、一定の遍路作法を身につけて伝統的な四国遍路の様式を守り、お大師信仰を深めていく人たちがいる。この人たちは、時代の先端的潮流を行く人たちではなく、注目されることもなく遍路を続ける人たちであるが、この人たちが四国遍路を継承させている人たちだと言えるだろう。

参考文献

ナンシー・アイゼンバーグ、ポール・マッセン、菊池章夫、二宮克美訳、一九八九年（邦訳一九九一年）、『思いやり行動の発達心理』、金子書房
青木保、一九八八年、「はじめに」、青木保・黒田悦子編、『儀礼　文化と形式的行動』、東京大学出版会
浅川泰宏、二〇〇八年、『巡礼の文化人類学的研究　四国遍路の接待文化』、古今書院
磯田朋子、香月保彦、二〇〇八年、「「個人化」「個別化」と「私事化」概念―概念の整理と指標化に向けて―」、『社会情報学研究』一四号、六九―七四頁
市川昭午、二〇一三年、『教育の私事化と公教育の解体―義務教育と私学教育』市川昭午著作集第5巻、学術出版会
伊藤雅之、二〇〇三年、『現代社会とスピリチュアリティ　現代人の宗教意識の社会学的研究』、渓水社
胡光、二〇二〇年、「江戸時代の遍路日記に見る四国」、愛媛大学四国遍路・世界の巡礼研究センター編『四国遍路の世界』、筑摩書房
愛媛県生涯学習センター、二〇〇一年、『四国遍路のあゆみ』（平成12年度遍路文化の学術整理報告書）
愛媛県生涯学習センター、二〇〇三年、『遍路のこころ』（平成14年度遍路文化の学術整理報告書）
岡本亮輔、二〇一五年、『聖地巡礼　世界遺産からアニメの舞台まで』、中央公論新社
長田攻一、坂田正顕、関三雄編、二〇〇三年、『現代の四国遍路　道の社会学の視点から』、学文社
ホセ・カサノバ、津城寛文訳、一九九四年（邦訳一九九七年）、『近代世界の公共宗教』、玉川大学出版部
片桐雅隆、一九九六年、『プライバシーの社会学　相互行為・自己・プライバシー』、世界思想社
門田岳久、二〇一三年、『巡礼ツーリズムの民族誌―消費される宗教経験』、森話社
A．ゴフマン、浅野敏夫訳、一九六七年（邦訳二〇〇二年）、『儀礼としての相互行為　対面行動の社会学』、

法政大学出版局
ランドル・コリンズ、井上俊・磯部卓三訳、一九九二年（邦訳二〇一三年）、『脱常識の社会学　社会の読み方入門』、岩波書店
Randall Collins, 二〇〇四、*Iiteraction Ritual Chains*. Princeton Uiversity Press.
坂田正顕、一九九九年、「現代遍路主体の分化類型としての「徒歩遍路」と「車遍路」現代遍路調査によるその実像」、『社会学年誌』、四〇号、二七―四六頁
佐藤久光、二〇一四年、『巡拝記にみる四国遍路』、朱鷺書房
佐藤久光、二〇一六年、『四国遍路の社会学　その歴史と様相』、岩田書院
清水昭俊、一九八八年、「儀礼の外延」、青木保・黒田悦子編『儀礼　文化と形式的行動』、東京大学出版会
ジョナサン・H・ターナー、ジャン・E・ステッツ、正岡寛司訳、二〇〇五年（邦訳二〇一三年）、『感情の社会学理論　社会学再考』、明石書店
ターナー・W・ヴィクター、富倉光雄訳、一九六九年（邦訳一九七六年）、『儀礼の過程』、思索社
竹川郁雄、二〇〇六年、「現代日本社会における私事化の諸問題」、愛媛大学人文学会『人文学論叢』、第八号、一〇七―一一八頁
竹川郁雄、二〇一五年、「現代四国遍路における「お接待」についての一考察」、愛媛大学人文学会『人文学論叢』、第一七号、二二三―二三三頁
竹川郁雄、二〇一六年、「調査データで見る現代の四国遍路―繁多寺での質問紙調査より」、愛媛大学法文学部附属四国遍路・世界の巡礼センター『四国遍路と世界の巡礼』第二号、五五―六三頁
M・チクセントミハイ、今村浩明訳、一九九〇年（邦訳一九九六年）、『フロー体験　喜びの現象学』、世界思想社
エミール・デュルケーム、古野清人訳、一九一二年（邦訳一九四二年）、『宗教生活の原初形態』、岩波書店。
中山和久、二〇〇四年、『巡礼・遍路がわかる事典』、日本実業出版社

濱嶋朗他編、二〇〇五年、『社会学小辞典』、有斐閣
ファン・ヘネップ、綾部恒雄・綾部裕子訳、一九〇九年（邦訳二〇一二年）、『通過儀礼』、岩波書店
藤沢真理子、一九九七年、『風の祈り―四国遍路とボランタリズム―』、創風社出版
船曳建夫、一九九七年、「「幕」と「場面」についての試論」、岩波講座『文化人類学第9巻　儀礼とパフォーマンス』、岩波書店
星野英紀、二〇〇一年、『四国遍路の宗教学的研究　その構造と近現代の展開』、法藏館
星野英紀・浅川泰宏、二〇一一年、『四国遍路　さまざまな祈りの世界』、吉川弘文館
前田卓、一九七〇年、『巡礼の社会学』、関西大学経済・政治研究所
丸山眞男、松沢弘陽訳、一九六五年（邦訳一九六八年）、「個人析出のさまざまなパターン―近代日本をケースとして―」マリウス B．ジャンセン編、細谷千博編訳『日本における近代化の問題』、岩波書店、三六七―四〇五頁
三谷はるよ、二〇一六年、『ボランティアを生みだすもの　利他の計量社会学』、有斐閣
宮家準、一九七四年、『増補　日本宗教の構造』、慶應通信
宮家準、一九九四年、『日本の民俗宗教』、講談社
宮崎建樹、一九九〇年、『四国遍路ひとり歩き同行二人　解説編（第八版）』、へんろみち保存協力会
宮島喬、一九九三年、「私化」、森岡清美他編集『新社会学事典』、有斐閣、五三二―三頁
村上護、一九八六年、『遍路まんだら　空海と四国巡礼を歩く』、佼成出版社
森岡清美、一九八三年、「日常生活における私秘化」、日本社会学会『社会学評論』一三四、一一二―一一九頁
森正人、二〇〇一年、「遍路道にみる宗教的意味の現代性―道をめぐるふたつの主体の活動を中心に―」、『人文地理』第五三巻第二号、七五―九一頁
森正人、二〇〇五年、『四国遍路の近現代―「モダン遍路」から「癒しの旅」まで―』、創元社
森正人、二〇一四年、『四国遍路』、中央公論新社

山本和加子、一九九五年、『四国遍路の民衆史』、新人物往来社
有泉はるひ、二〇〇九年、「直観的つながりとボランティア」、田村正勝編著、『ボランティア論　共生の理念と実践』、ミネルヴァ書房、一五五―一七九頁
頼富本宏、二〇〇九年、『四国遍路とは何か』、角川書店
Roy A. Rappaport、一九九九、*Ritual and Religion in the Making of Humanity*、Cambridge University Press
早稲田大学道空間研究会、一九九七年、『四国遍路と遍路道に関する意識調査』
早稲田大学道空間研究会、二〇〇〇年、『現代社会における四国遍路道を巡る経験と社会・文化的装置の関係に関する研究』
渡辺雅子、一九九三年、「世俗化」、森岡清美他編『新社会学事典』、有斐閣、八七六頁

参照した四国遍路巡拝記一覧（一九一冊）

あいちあきら、二〇一六年、『へんろみち　お四国遍路だより』、編集工房ノア
青木勝洋、二〇〇四年、『お遍路さんになる』、産経新聞ニュースサービス
青野貴芳、二〇〇四年、『四国巡礼葛藤記　駆け出し僧侶が歩いた四国八十八カ所』鈴木出版
秋元海十、二〇〇四年、『88の祈り　四国歩き遍路1400キロの旅』、啓文堂
阿久津鯨六、二〇〇二年、『大雪越えて、四国遍路歩き旅　文芸社
阿部清澄、二〇一五年、『金剛杖　四国遍路記』、（非売品）
雨宮湘介、二〇一四年、『四国遍路考』、のべる出版企画
家田荘子、二〇〇九年、『四国八十八ヵ所つなぎ遍路』、ベストセラーズ
五十崎洋一、二〇〇八年、『団塊親父四国を歩く』、第一印刷株式会社
池澤節雄、二〇〇三年、『四国へんろ旅日記　歩いて歩いて二百万歩』、（非売品）

池田鉄郎、二〇〇六年、『青い空と海、そしてビールな日々』、郁朋社
石川 文洋、二〇〇八年、『四国八十八カ所―わたしの遍路旅』、岩波書店
石橋操、二〇〇三年、『四国巡礼記』、文芸社
石山未巳、二〇〇二年、『幸せはどこにある　白血病を宝に変えた歩き遍路』、新風舎
伊藤延一、一九八一年、『四国へんろ記』、古川書房
伊藤まさの、一九九七年、『四国霊場満足行日記』、新風社
井上晟伸、二〇〇七年、『定年後初めて行った遍路旅』、かど創房
今西 広、二〇〇六年、『一期一会歩き遍路一人旅―四国八十八ヵ所』、新風舎
岩田憲道、二〇一四年、『これならできる『つまみ食い遍路』―巡礼は大人の歴史散歩』、弘報印刷自費出版センター
宇野恭夫、二〇〇〇年、『お四国　四国八十八ヵ所歩き遍路の記録』、文芸社
梅田和江、二〇一五年、『愛と光の62日―開祖1200年記念四国お遍路旅日記』アルマ書房
江川平八、二〇〇三年、『四国八十八カ所へんろ旅日記』、文芸社
江藤友子、二〇〇三年、『女一人　遍路道中記』、文芸社
大谷 唱二、二〇〇四年、『四国八十八ケ所遍路―ふれあいの旅路』、文芸社
大坪忠義、二〇〇四年、『感動の四国遍路　真夏の一三〇〇キロ通し打ち』、海鳴社
大野栄松、二〇〇七年、『紀行四国遍路』、文芸社
岡崎恭子、一九九七年、『おへんろ出会い旅　四国路一四〇〇キロ』、コアラブックス
岡崎朝彰、二〇〇〇年、『感謝の心に洗われる道―四国八十八カ所お遍路の旅』、郁朋社
岡島康晶、二〇〇七年、『遍路体験記　遍路から得た智慧』、東京図書出版会
岡田光永、二〇〇五年、『15歳の「お遍路」元不登校児が歩いた四国八十八カ所』廣済堂
岡部繁勝、二〇〇七年、『四国八十八ヶ所霊場訪ね歩きの記』、星雲社

オカベ竜伯、二〇〇二年、『ボクもお供する四国八十八ヶ寺巡り ―ご主人様と奥様の珍道中記』、丸善書店出版サービスセンター
岡本友男、二〇〇四年、『ぐうたら親父の四国八十八ヵ所歩き遍路』、じほう
乙加 睦雄、二〇〇四年、『四国　ルート８８』、東京図書出版
小野庄一、二〇〇二年、『四国霊場徒歩遍路』、中央公論新社
尾上昭、二〇〇四年、『還暦　お遍路　旅日記』、新風舎
小野田隆、二〇〇二年、『風と尺八　遍路旅』、ＭＢＣ２１
加賀山耕一、二〇〇〇年、『さあ、巡礼だ　転機としての四国八十八カ所』、三五館
笠井信雄、二〇〇六年、『お四国夢遍路 ―奥の院巡るが旅の真骨頂』、光光編集
桂通子、二〇〇四年、『四国八十八カ所歩き遍路　みちくさ日記』、新風舎
桂木正則、二〇一六年、『山と海と風と潮　四国八十八ヵ所歩き遍路旅』、ミヤオパブリッシング
加藤弘昭、二〇〇五年、『四国一〇八カ所遍路旅』、新風舎
加藤久美子、二〇〇九年、『同行二人』、文藝書房
加藤健一、二〇〇五年、『清風平歩―四国遍路　別格寺を行く』、まつ出版
金澤良彦、二〇〇四年、『夫婦で行くすばらしき歩き遍路』、ユニプラン
金谷常平、二〇一二年、『ひょいと四国へ』、砥部図書館　上毛新聞社事業局出版部
金子正彦、二〇〇四年、『四国お遍路旅物語　風とともにひたすらに』、文芸社
金子忠司、二〇〇五年、『四角い四国を歩いて廻ればまるくなる』、宝塚出版
金田正、二〇〇六年、『四国はこころのホスピタル　遍路の旅で見えてきたもの』新風舎
菅卓二、二〇一一年、『四国へんろひとり旅』、論創社
管直人、二〇一五年、『総理とお遍路』、角川書店
上林三郎、一九九八年、『定年遍路記』、文藝書房

喜久本朝正、一九九四年、『四国歩き遍路の記―法服を白衣に替えて』、新風書房
岸本隆三、二〇一七年、『歩き遍路の旅』、海鳥社
北勲、二〇〇〇年、『空海の風にのって　中年自転車四国遍路のススメ』、求龍堂
北野雅人、二〇〇二年、『四国歩き日記　贅沢だね歩きとは』、文芸社
木下和彦、二〇〇一年、『ゆっくりのんびりお四国さん　退職後の生き方を探す旅』文芸社
木下恵生、二〇一〇年、『四国お遍路　まんだら』、尾張屋印刷所
木下恵生、二〇一五年、『四国お遍路まんだら再び　八十八プラス二十の札所』、尾張屋印刷所
君塚みきお、二〇〇一年、『四国八十八カ所ブラブラ旅　七十二歳からの巡礼紀行』、インパクト出版会
清益実、二〇〇七年、『四国遍路記　四国の風に誘われて』、近代文藝社
串間洋、二〇〇三年、『お経を唱えたことのない人も四国遍路のはじめ方』、明日香出版社
熊倉伸宏、二〇一〇年、『あそび遍路　おとなの夏休み』、講談社
車谷長吉、二〇〇八年、『四国八十八ヵ所感情巡礼』、文藝春秋
クレイグ・マクラクラン、二〇〇〇年、『四国八十八か所ガイジン夏遍路』、小学館
黒岩晶、二〇一四年、『八十八か所歩き　変えられるか自分の生き方歩む道』、文芸社
黒咲一人、二〇〇五年、『五五歳の地図―実録・リストラ漫画家遍路旅』、日本文芸社
後藤大、二〇〇〇年、『風の吹くまま―四国遍路記―』、文芸社
後藤典重、二〇〇六年、『四国八十八箇寺遍路旅歩き遍路の独り言』、新ハイキング社
小西重康、二〇〇一年、『こんなふうに四国八十八カ所を歩いた』、文芸社
小西敏明、二〇一一年、『ゆっくり歩いて巡り会う88の感動物語』、すばる舎
小華和想、二〇〇九年、『母への手紙　―私の四国遍路』、文芸社
小林　淳宏、一九九四年、『定年からは同行二人（どうぎょうににん）―四国歩き遍路』ＰＨＰ研究所
小林キュウ、二〇〇三年、『Ｒｏｕｔｅ８８』、河出書房新社

近藤優、二〇〇四年、『四国遍路托鉢野宿旅―お大師さまと二人連れ』、文芸社
西條一彦、二〇〇七年、『四国八十八ヶ所　歩き遍路ふれあいの旅』、せせらぎ出版
財津定行、二〇〇〇年、『お遍路は大師さまと三人旅―歩いて見つけた夫婦の絆―』リヨン社
坂上忠雄、二〇一七年、『お遍路は心の歩禅　現代版お遍路のススメ』、梓書院
坂本覺雅、二〇一九年、『四国遍路行記覚書―大師と共に』、ほおずき書籍
佐藤光代、二〇〇五年、『私のお遍路日記―歩いて回る四国８８カ所』、西日本出版社
佐藤孝子、二〇〇七年、『四国遍路を歩く』、日本文芸社
佐藤四郎、二〇一一年、『四国お遍路走り旅』、幻冬舎ルネッサンス
潮見英幸、二〇一一年、『サンダル遍路旅日記』、創風舎出版
品川利枝、二〇一三年、『遍路の道は海にでる―私の四国巡礼』、本阿弥書店
澁田保磨、二〇〇六年、『四国遍路道中記』、梓書院
白石正雄、一九八六年、『私の歩いた遍路道　上、下』、加藤タイプ
白神忠志、一九九七年、『お遍路　歩いた四国八十八ヶ所四十二日の記録』、洋々社
白瀧まゆみ、一九九四年、『虹がゆく』、邑書林
城石裕一、二〇〇六年、『同行二人四国八十八ヵ所歩き遍路紀行』、海鳥社
菅原恵、二〇〇三年、『歩き遍路　千里の道も一歩から』、同友館
杉浦孝宣、二〇〇四年、『強く生きろ―ある学習塾塾長の四国遍路の旅』、学びリンク株式会社
杉浦詩奈、二〇〇五年、『お遍路の奇跡』、東方出版
杉浦昌則、二〇一〇年、『お遍路日記　―バイクが運ぶ光と風の向こう』、薫風社
杉山邦夫、二〇一一年、『七十一歳からの歩き遍路記録　―徒ち遍路同行句人』、文芸社
杉山久子、二〇一一年、『行かねばなるまい』、創風社出版
鈴木貞雄、二〇〇四年、『へんろ紀行　四国八十八ヵ所を歩く』、協和印刷（非売品）

鈴木昭、二〇〇九年、『風と歩いた夫婦の四国遍路』、ビレッジプレス
鈴木睦男、二〇〇五年、『四国札所巡りすきまの記』、文芸社
須藤元気、二〇〇七年、『幸福論』、ランダムハウス講談社
角川知寿子、二〇〇三年、『すみちゃん四国遍路をゆく』、飛鳥出版室
関根優、二〇〇五年、『空海の道を行く』、栄光出版社
空昌、二〇一一年、『わが歩き遍路―古稀の日の結願を目指して』、文芸社
田尾秀寛、二〇〇八年、『よう、おまいり―お四国へんろ道のひとびと』、たる出版
高木亀一、二〇一二年、『88歳で「四国88ケ所遍路の旅」30日間の記録』、文芸社
高久ひとし、二〇〇五年、『へんろ長調のぼり坂』、文芸社
高島慶次、由美、二〇一八年、『お遍路で確かめた夫婦の絆―一二〇〇キロ、四十五日間の対話』文芸社
高田京子、二〇〇〇年、『ある日突然、お遍路さん　四国八十八カ所めぐり』、JTB
高田恭子、二〇〇七年、『甲斐の国からお四国へ』、文芸社
高田真快、一九八六年、『四国遍路で生まれ変わる　霊場88ヶ所歩き方ガイド』、立風書房
高橋憲吾、二〇〇一年、『空と海と風と　夫婦で楽しむ道草遍路』、文芸社
高見貞徳、一九九九年、『四国霊場巡り歩き遍路の世界』、文芸社
田口隆二、二〇〇二年、『山屋の歩いた遍路道　四国霊場巡礼』、文芸社
武田喜治、二〇〇四年、『遍路で学ぶ生きる知恵―四国八十八カ所めぐり』、小学館スクエア
武田 喜治、二〇一五年、『四国歩き遍路―気づきと感謝の旅』、大法輪閣
竹中司郎、二〇〇二年、『この時代！もう一つの自分探し―四国八十八ヶ所―』、東京図書出版会
辰濃和男、二〇〇一年、『四国遍路』、岩波書店
辰濃和男、二〇〇六年、『歩き遍路』、海竜社
田中忠夫、二〇〇九年、『はじめて歩く遍路道』、ひかり工房（非売品）

田中ひろみ、二〇一〇年、『ふらりおへんろ旅―空海と仏像に会いに行く！―』、西日本出版社
玉井清弘、二〇〇七年、『時計回りの遊行』、本阿弥書店
月岡祐紀子、二〇〇〇年、『平成娘巡礼記　四国八十八か所歩きへんろ』、文藝春秋
築山良文、二〇〇三年、『四国遍路紀行』、文芸社
津田文平、二〇〇五年、『お遍路さんと呼ばれて』、東洋出版
手束妙絹、一九八八年、『お大師さまへの道　人生は路上にあり』、愛媛県文化振興財団
寺門修、二〇〇一年、『「百八十五万歩」の旅』、文芸社
仲川忠道、二〇〇七年、『退職したらお遍路に行こう』、星雲社
中谷勝春、二〇〇五年、『この世はご縁の世界　四国八十八カ所遍路の記』、文芸社
永田龍二、二〇〇七年、『お遍路さん旅日記』、高城書房
中塚昭夫、二〇〇七年、『四国遍路』、新風舎
中塚晴夫、二〇〇六年、『四国お遍路さんふれあいの歩き旅』、牧歌舎
中村三夫、二〇〇四年、『へんろ随想』、新風舎
西岡寿美、一九八八年、『四国おんな遍路記』、新人物往来社
西川阿羅漢、一九九九年、『歩く四国遍路千二百キロ―ある定年退職者の三一日の旅―』現代書館
西川阿羅漢、二〇一三年、『傘寿の四国遍路　地球を二周半歩いた老遍路の体験記』、風詠社
西谷尚、二〇〇二年、『祈りたかった』、健友館
西田久光、二〇一二年、『歩きへんろ夫婦旅』、星雲社
西野保、二〇一一年、『四国なまくらお遍路四人旅』、文芸社
庭野隆雄、二〇〇一年、『四国遍路』、自分流文庫
袴克明、二〇一七年、『四国遍路日誌―風土と民族史を巡って歩んだ四三日』、桔梗書院
萩原としを、二〇〇七年、『四国霊場幻想譜』、東京図書出版会

狭間秀夫、二〇一六年、『後期高齢者四国遍路を歩いてみれば』、風詠社
橋田昌幸、二〇〇五年、『お四国の四季』、郁朋社
浜崎勢津子、二〇一二年、『私の四国遍路』、株式会社マルニ
濱田義榮、二〇〇二年、『四国歩き遍路道中記』、文芸社
早坂隆、二〇〇〇年、『僕が遍路になった理由』、連合出版
林 道代、二〇〇七年、『寄り道お遍路―兼好的旅遊日記』、新風舎
原田伸夫、一九九九年、『還暦のにわかおへんろ―三五日・一二〇〇キロを歩いて私が見つけたもの』、新風書房
平野恵理子二〇〇二年、『私も四国のお遍路さん』、集英社
福島明子、二〇〇四年、『大師の懐を歩く―それぞれの遍路物語』、風間書房
藤井玄吉、二〇〇〇年、『玄さんの四国八十八ヶ所遍路日記』、文芸社
藤江彰彦、二〇一一年、『生きることは歩くこと、歩くことが生きること　四国ひとり歩き遍路』幻冬舎ルネッサンス
藤田健次郎二〇〇八年、『夫婦へんろ紀行』、東方出版
藤田祐子、二〇〇三年、『ちびっこお遍路よっくんが行く』、新潮社
細谷昌子、一九九九年、『詩国へんろ記八十八カ所ひとり歩き』、新評論
堀之内芳郎、二〇〇二年、『喜寿の遍路日記　同行二人四国八十八ヵ所巡礼』、朱鳥社
本田亮、二〇〇八年、『サラリーマン転覆隊ママチャリお遍路１２００Km』、小学館
松崎義晃、一九九七年、『空海の残した道　現代歩き遍路がそこに残したもの』、新風舎
松澤慶一、一九八八年、『四国遍路記』、清光社印刷所　非売品
黛まどか、二〇一八年、『奇跡の四国遍路』、中公新書クラレ
マリー＝エディット・ラヴァル、鈴木孝弥訳、二〇一五年（邦訳二〇一六年）、『フランスからお遍路にきました』、

イースト・プレス
三浦素子、二〇〇七年、『すべるおへんろさん』、新風社
宮越孝、二〇〇一年、『お四国旅日記』、文芸社
宮田珠己、二〇一一年、『だいたい四国八十八ケ所』、本の雑誌社
宮本重剛、二〇〇三年、『長い一本の道―四国八十八カ所巡礼、魂との邂逅』、文芸社
三輪敏広、二〇〇七年、『夫婦お遍路〈上〉〈下〉』、春風社
向井安雄、二〇〇〇年、『四国八十八カ所ある記』、鳥影社
牟田和男・正木康、二〇一二年、『お遍路日記』、海鳥社
武藤暢夫、二〇〇〇年、『四国歩き遍路の旅【定年】三百万歩の再出発』、ＭＢＣ２１
室達郎室、二〇〇七年、『四国遍路　心の器』、電気書院
森谷茂、二〇〇五年、『ゆっくり遍路同行二人　四国八十八カ所霊場』、文芸社
森哲志、二〇〇九年、『男は遍路に立ち向かえ』、長崎出版
森知子、二〇一一年、『バツイチおへんろ』、双葉社
森山透、二〇〇四年、『巡礼やすらぎの旅』、ＰＨＰ研究所
諸原潔、二〇一七年、『スマホ片手にお遍路旅日記』、日本地域社会研究所
安田あつ子、二〇〇八年、『お父さんと一緒に四国遍路』、文芸社
山内清史、二〇〇五年、『光と風の道　四国八十八カ所歩き遍路記』、文芸社
山勝三、二〇一二年、『二百万歩のほとけ道　熟年夫婦が歩いた四国遍路』、文芸社
山田清史、二〇〇二年、『温もりいっぱい同行二人―四国八十八か所遍路―』、近代文芸社
山元一、二〇一〇年、『四国・くるま遍路記』、文芸書房
湯浅晴夫、二〇一七年、『四国八十八ヵ所遍路旅日記―七十歳暴走老人の二十八日間』、鳥影社
横田賢一、二〇〇〇年、『四国霊場四季暦へんろみちきせつのかたらい』、山陽新聞社

横田賢一、二〇一〇年、『風と歩けば　続・四国霊場四季暦』、山陽新聞社
横山良一、二〇〇二年、『「お四国さん」の快楽』、砥部図書館、講談社
吉田哲朗、二〇〇四年、『ぐうたらじじィのお遍路日記　四国霊場八十八カ所通し打ち一二〇〇キロ』熊本日日新聞情報文化センター
吉田正孝、二〇〇六年、『ひょいと四国の遍路へ　一千二百キロの歩き旅』、現代書館
吉松隆、二〇〇三年、『ファーストクラスのお四国さん　四国八十八箇所遍路日記』（非売品）
四元奈生美、二〇一〇年、『四元奈生美の四国遍路に行ってきマッシュ』、ＰＨＰ研究所
鷲野勉、二〇一三年、『歩きお遍路ご苦楽記』、日本文学館
和田明彦、一九九六年、『曼荼羅の旅―現代に生きる四国遍路の智恵―』、近代文芸社
和田岳晴、二〇一二年、『風に吹かれて遍路道』、星雲社
渡辺豊、二〇一五年、『にわか遍路お四国を行く―お接待の心と一期一会の旅』、創栄出版

あとがき

本書ではお金の「お接待」を頻繁に取り上げているが、もちろん歩き遍路をしていて、いつもいつもあるものではない。筆者は、四国遍路一巡目の時に四回、二巡目の時に一回お金の「お接待」を受けた。それは全く予期していない時にやってきて、あっという間に過ぎ去ってしまう。納め札を渡すのは、その時の会話の流れによって決まり、こちらから渡そうとしてもいらない素ぶりをする場合があり、求められたのは一度だけである。「お接待」にお金をもらうのは、他の物よりもかしこまった気持ちになり、身構えてしまう。本書の事例で、お金の「お接待」を断ったりするのも理解できる。

遍路道中で、温かいお茶のペットボトルや小間物などさまざまな「お接待」をいただいたが、改めて振り返ってみると、もっともありがたかったのは、道を間違えていることを教えてくれたことである。高知のそえみみず遍路道にさしかかる道を意気揚々と歩いていた時、突然、道に面していた家から婦人が飛び出してきて、「お遍路さん、その道は違います。こちらの道が正しい遍路道です。」と、その道に並行して走る細い道を指さして教えてくれた。その道はこれまで歩いていた道からそれて違う方向へ向かっていた。どこかで遍路マークを見落としていたのであろう、そのまま細い道を行かずに歩き続けていたら、とんでもないことになったであろうと思うと、婦人がわざわざ家から飛び出してきて教えてくれたのは、本当に感謝感激であった。

これまでに、何度か道を間違えており、その時は、こちらだと思う道を進むが、どこまで行っても遍路マークや道しるべが見当たらないことで、果たしてこのまま進むべきなのか戻った方がよいのか不安になり、ついに戻る決心をする。しかし、どこまで戻ればよいのか、どこを行けばよいのかわからず、山中で日が沈み始めたりすると、不安な気持ちはふくらむばかりで、そのような時に限って道を聞くことのできる人はいないことが多い。そうした経験を何度かしているので、婦人が正しい道を教えてくれたことは、他の「お接待」にもましてありがたいことであった。

お金も含めていろいろな「お接待」を受けるが、遍路者にとってたいていの場合、十分な準備をしているので、遍路中にお金や物に困ったりすることはないだろう。「お接待」されるとうれしいことだが、その時もらう現物よりも、遍路者に対する応援のメッセージがそこにこめられていることがうれしいのである。遍路道に「お接待」という儀礼的習俗があることで、全く見知らぬ者同士のコミュニケーションが成立し、それによって「お接待」する人、される人両者があたたかい気持ちになれるのであるから、こうした慣習は残しておくことが望ましいと思われる。ただ、この個人による「お接待」は、老人会や接待講など団体で行う「お接待」とは異なり、全くの自発的な行為であり、それが今後も続いていくかは、本書で見たように祖父母や親から継承されていくかどうかにかかっているであろう。

さて、二〇二〇年三月頃よりコロナウイルス感染問題が大きな社会問題となり、地球規模で医療問題や経済的停滞が発生し、四国遍路にも影響を及ぼしている。遍路をする人は激減し、札所は一時閉鎖され、遍路宿は経営者が高齢であることも手伝って閉館するところが増えている。問題が終息した後、四国遍路がどのようになるのか見守り、支援できることがあれば行っていきたい。

出版に際して、令和2年度愛媛大学法文学部人文学講座研究推進経費・出版助成を受けた。

著者略歴
竹川　郁雄（たけかわ　いくお）
1956年　大阪市生まれ
1980年　一橋大学商学部卒業
1990年　大阪市立大学大学院文学研究科後期博士課程単位修得退学
2000年　愛媛大学法文学部教授 現在に至る
2004年　博士（文学、大阪市立大学大学院）
専門　社会学、集団論、青少年問題

著　書
『いじめと不登校の社会学－集団状況と同一化意識－』（法律文化社　1993年）
『いじめ現象の再検討－日常社会規範と集団の視点－』（法律文化社　2006年）
『いじめの連鎖を断つ－あなたもできる「いじめ防止プログラム」』（共著）
（冨山房インターナショナル　2008年）
『巡礼の歴史と現在－四国遍路と世界の巡礼－』（共著）
（愛媛大学「四国遍路と世界の巡礼」研究会編　岩田書院　2013年）
『四国遍路の世界』（共著）
（愛媛大学四国遍路・世界の巡礼センター編　筑摩書房　2020年）など

四国遍路の現代
—「お接待」と歩き遍路 —
2020年12月5日発行　定価＊本体2000円+税
著　者　竹川　郁雄
発行者　大早　友章
発行所　創風社出版
〒791-8068 愛媛県松山市みどりヶ丘9－8
TEL.089-953-3153 FAX.089-953-3103
振替 01630-7-14660 http://www.soufusha.jp/
印刷　㈱松栄印刷所

ISBN 978-4-86037-300-9